Emrah Türkyılmaz

IFC Veri Modeline Dayalı Kavramsal Bir İşbirliği Ortamı

Emrah Türkyılmaz

IFC Veri Modeline Dayalı Kavramsal Bir İşbirliği Ortamı

Türkiye Alim Kitapları

Impressum / Yayınevi adı
Bibliografische Information der Deutschen Nationalbibliothek: Die Deutsche Nationalbibliothek verzeichnet diese Publikation in der Deutschen Nationalbibliografie; detaillierte bibliografische Daten sind im Internet über http://dnb.d-nb.de abrufbar.

Deutsche Nationalbibliothek tarafından yayınlanan bibliyografik bilgiler: Deutsche Nationalbibliothek, bu yayını Deutsche Nationalbibliografie'de listeler; detaylı bibliyografik bilgi İnternet'te http://dnb.d-nb.de sitesinde mevcuttur.

Coverbild / Kitap kapağı resmi: www.ingimage.com

Verlag / Yayıncı:
Türkiye Alim Kitapları
ist ein Imprint der / yayınevinin bir ticari markasıdır
OmniScriptum GmbH & Co. KG
Heinrich-Böcking-Str. 6-8, 66121 Saarbrücken, Deutschland / Almanya
Email / E-posta: info@turkiye-alim-kitaplary.com

Herstellung: siehe letzte Seite /
Basım yeri: son sayfaya bakın
ISBN: 978-3-639-67263-3

İçindekiler

Kısaltma Listesi

2B	İki Boyutlu
3B	Üç Boyutlu
ADT	Architectural Desktop Tool
BDT	Bilgisayar Destekli Tasarım
ÇİPY	Çevrimiçi İşbirliği ve Proje Yönetimi
EAI	Enterprise Application Integration
GSMH	Gayri Safi Milli Hasıla
HVAC	Heating, Ventilating and Air Conditioning
IAI	International Alliance for Interoperability
IFC	Industry Foundation Classes
IHİ	Isıtma, Havalandırma ve İklimlendirme
MMİ	Mimarlık, Mühendislik, İnşaat
MMİ/HY	Mimarlık, Mühendislik, İnşaat ve Hizmet Yönetimi Sektörü
MMÜ	Mimarlık, Mühendislik ve Üretim Endüstrisi
ODBC	Open Database Connectivity
PSet	IFC Property Set
SMC	Solibri Model Checker
STEP	Standard for the Exchange of Product Model Data
ÜMPS	Ürün Modellerinin Paylaşım Standardı
VRML	Virtual Reality Markup Language
YBM	Yapı Bilgi Modeli

Şekil Listesi

Çizelge Listesi

Önsöz

Tez çalışmam sırasında bana gösterdiği sabır ve anlayıştan dolayı danışmanım sayın Prof. Dr. Ayfer Aytuğ'a teşekkür ederim. Ayrıca, desteğinden dolayı sayın Prof. Dr. Koray Gökan'a ve yardımını hiç esirgemeyen, benimle her zaman bilgilerini paylaşan sayın Prof. Dr. Salih Ofluoğlu'na teşekkür ederim. Her zaman yanımda olan Türkyılmaz ve Canbay ailelerine, özellikle beni yetiştirip bugünlere gelmemi sağlayan annem Emine Türkyılmaz'a ve babam Sedat Türkyılmaz'a ve kardeşim Ozan Türkyılmaz'a teşekkür etmek isterim. Son olarak çok sevdiğim eşim Çiğdem Canbay Türkyılmaz'a ve kızım Damla'ya beni hep destekledikleri için çok teşekkür ederim.

Emrah Türkyılmaz İstanbul, 2010

Özet

Mimarlık ve mühendislik düşüncelerini gerçekleştirmek olarak tanımlanan tasarım, karmaşık ve zor bir süreçtir. Günümüzde, bu süreç içerisinde uzman kişiler tarafından tasarım yapmaya yardımcı çeşitli BDT (Bilgisayar Destekli Tasarım) sistemleri kullanılmaktadır. Tasarım sürecinin karmaşıklığı yüzünden, Bilgisayar Destekli İşbirliği Ortamları, tasarımın farklı disiplinler arasında daha verimli bir biçimde gerçekleştirilmesine yaptıkları katkılarla son yıllarda ön plana çıkmaktadır.

Günümüzde BDT sistemleri Yapı Bilgi Modeli (Building Information Model/BIM) ağırlıklı olarak gelişmektedir. Yapı Bilgi Modeli (YBM), yeni bir tasarım ve belgeleme yöntemi olup, bir yapıya ait tüm bilgileri tutarlı bir şekilde bir araya getirerek, katılımcıların koordinasyon içinde çalışmasına olanak sağlar. Bununla birlikte, bir yapı bilgi modelinin oluşturulması, bir MMÜ (Mimarlık, Mühendislik, Üretim) projesinde gerçek anlamda işbirliği oluşturmak için yeterli değildir.

IFC (Industry Foundation Classes) standardı, farklı BDT ortamlarının birlikte çalışmasını mümkün kılan ortak bir bilgi modelidir. Günümüzde MMÜ endüstrisinde en yaygın olarak kullanılan standarttır. Bu çalışmanın amacı, IFC veri tipine dayalı, farklı disiplinlerden katılımcıların işbirliği yapmasına olanak vererek birlikte çalışmayı kolaylaştıracak ve gerçek bir işbirliği sürecinde kullanılabilecek bir işbirliği ortamı önerisi geliştirmektir. Bu öneri, mevcut IFC altyapısını kullanarak geliştirilmiş olup, güncel yazılımlarda mevcut olmayan bir işbirliği ortamı sunmaktadır.

Bu tezin giriş bölümünde, çalışmanın amacı, kapsamı ve yöntemi ortaya konmuştur.

İkinci bölümde, işbirliği kavramı ve işbirlikçi tasarım konuları irdelenmiş, işbirlikçi tasarımın ne olduğu, özellikleri, işbirlikçi tasarım ve BDT ilişkisi üzerinde durulmuştur. MMÜ endüstrisinde kullanılan güncel işbirliği yazılımları, mevcut işbirliği ortamı ile ilgili bilgi edinmek açısından detaylı olarak incelenmiştir. Geliştirilen işbirliği ortamı önerisine veri sağlayabilmek açısından MMÜ endüstrisinde kullanılan güncel işbirliği yazılımları detaylı olarak incelenmiştir. Bu bölümde ayrıca, çok katılımcılı işbirliği konusu irdelenmiş ve geliştirilen işbirliği önerisine örnek oluşturan çalışmalar ele alınmıştır.

Üçüncü bölümde, tasarım sürecinde bilgisayarın kullanımı konusu ele alınmıştır. YBM öncesi sistemler hakkında kısa bir bilgi verildikten sonra, YBM'nin ne olduğu ve günümüzdeki kullanım alanları açıklanmıştır. Nesne tabanlı bir yapı bilgi modeli olan IFC'nin önemi, yapısı, özellikleri, tanımlama yetenekleri, kullanım alanları, getirdiği yenilikler, problemleri ve gelişimiyle ilgili bilgi verilmiştir. Bu konuların oluşturulan işbirliği ortamı önerisi açısından önemi ayrıca ele alınmıştır.

Dördüncü bölüm, geliştirilen işbirliği ortamına veri sağlamak ve gerçek bir işbirliği ortamının sorunlarını ve beklentilerini belirlemek için gerçekleştirilen alan çalışmasını, verilerin analizini, değerlendirilmesini ve yorumlanmasını içermektedir.

Beşinci bölümde, alan çalışmasından elde edilen verilere ve kaynak araştırmalarından elde edilen bilgilere göre geliştirilen işbirliği ortamı önerisi bölümde yer almaktadır.

Altıncı ve son bölüm, sonuçların tartışılmasına ve geliştirilen modelin irdelenmesine yönelik olarak oluşturulmuştur. Konunun gelişimiyle ilgili gelecek öngörüleri bu bölümde ayrıca tartışılmaktadır.

Anahtar Kelimeler: IFC, İşbirlikçi Tasarım, BDT, YBM, MMÜ.

Abstract

A CONCEPTUAL COLLABORATIVE ENVIRONMENT BASED ON IFC DATA MODEL

Design is a complex and complicated process to concretize architectural and engineering concepts. Today, a variety of Computer Aided Design (CAD) systems are used by experts in this process. Recently computer aided collaboration environments that support the development of a design by means of different disciplines working together gain a lot of attention.

Today, CAD systems are developed mainly within the frame of BIM (Building Information Model). BIM is a new brand design and documentation model that brings together all information about a building and provides an opportunity for participants to work in coordination. However, to create a building information model is not enough to make collaboration in a AEC (Architecture, Engineering, Construction) project.

IFC (Industry Foundation Classes) standard is a common information model that enables to work different CAD environments. It is the most familiar standard for AEC industry. The aim of this study is to develop a proposal for a real collaboration environment that depends on IFC data and allows making collaboration between participants of different disciplines.

In the introduction part, the purpose, scope and method of the study are explained.

In the second chapter, the concepts of collaboration and collaborative design are examined and the characteristics of collaborative design and the relationship between collaborative design and CAD environments are emphasized. Current collaboration applications are explicated to get information about contemporary collaboration environment. This chapter also discusses the concept of multi-disciplinary collaboration and the studies made on this concept.

In the third chapter, the usages of computer in design process are discussed. After giving short information about pre-BIM systems, the concept of BIM and its areas of usage are explained. As an object-based building information model, the importance of IFC, its structure, characteristics, abilities and areas of usage, innovations, problems and progress are examined. The importance of these topics for the proposal is also discussed.

The fourth chapter includes the case study that conducted to provide data for the proposal and to identify the problems and expectations of a real collaboration environment. This chapter also contains the analysis, evaluation and interpretation of data.

According to the data provided by the case study as well as by literature study, the proposal for collaboration environment has been developed and suggested in the fifth chapter.

The sixth and last chapter includes discussion of the results and the developed proposal. This chapter also discusses suggestions for future researches about the topic of the study.

Keywords: IFC, Collaborative Design, CAD, BIM, AEC.

1. Giriş

Bir yapı, bilgilerden oluşan bir sistem olarak tanımlanabilir. Bir yapının yaşam döngüsünü dört ana aşamada incelemek mümkündür. Tasarım, yapım, kullanım ve bakım. Her bir aşama genel anlamda birbirinden ayrı olarak ilerlemekte ve kendi içinde katmanlaşmaktadır. Her bir aşamada ortaya çıkan farklı katmanlar, yapının çeşitli yöntem ve araçların kullanılarak oluşturulduğu farklı özelliklerini temsil etmektir. Bilgilerden oluşan bir sistem olarak yapının çeşitli katmanlar aracılığı ile tanımlanması Şekil 1.1'de açıklanmaktadır.

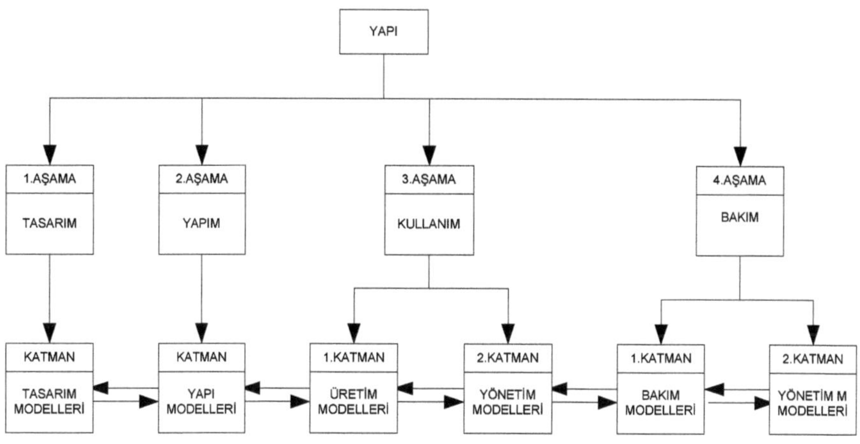

Şekil 1.1 Yapının çeşitli katmanlar aracılığı ile tanımlanması

Bir yapının yaşam döngüsünü oluşturan aşamaların başarıyla oluşması doğru, verimli bir iletişim ile veri paylaşımı ve değişimine bağlıdır. Mevcut iletişim yöntemlerinin yetersizliği, bilgi teknolojilerine yetersiz yatırım yapılması, veri paylaşımı ve değişiminde kullanılan yöntemlerin yetersizliği uzun yıllar yapı sektörünü olumsuz etkilemiştir.

Günümüzde, bilgi ve iletişim teknolojilerindeki gelişmeler, özellikle Internet'in yaygın olarak kullanılmaya başlaması, çeşitli platformlar arasında veri aktarımının gerçekleşmesi için yeni olanaklar sağlamaktadır. Tasarım verilerinin Internet aracılığıyla dağıtılabilmesi, disiplinler arası bütünleşme, veri paylaşımı ve değişimi ile işbirlikçi çalışma kavramlarının gelişmesine yardımcı olmuştur.

Bir yapının yaşam döngüsünün başarılı bir şekilde gerçekleşmesi, Mimarlık, Mühendislik, Üretim sektörlerinin işbirliği içinde çalışmasını gerekmektedir. Bu sektörlerin bir araya gelmesi kısaca MMÜ olarak adlandırılan endüstri dalını oluşturmaktadır.

Kalay (2004), işbirliğinin oldukça karmaşık ve zorlayıcı bir görev olduğunu belirtmektedir. Sosyoloji, psikoloji, politika, hukuk, tıp, mühendislik gibi pek çok alanda da işbirliği çalışmaları gerçekleştirilmektedir. MMÜ endüstrisinde gerçekleştirilen işbirliği bazı bakımlardan diğer alanlardan farklıdır. Kalay (2004), bu farkları şöyle belirmektedir:

1) MMÜ endüstrinde gerçekleştirilen işbirliği, farklı amaçlar ve hedefler gözeten profesyonellerin birlikte çalışmasını gerektirmektedir. Tıp veya hukuk alanında aynı eğitim ve profesyonel görüşe sahip bireyler arasında işbirliği gerçekleştirilmekte iken, bir tasarım grubunu oluşturan mimar, inşaat mühendisi, İHI mühendisi, elektrik mühendisi vb. tüm profesyoneller ortak bir eğitime sahip değildirler.

2) MMÜ endüstrisinde gerçekleştirilen işbirliği, geçici çoklu organizasyonlardan (temporary multi-organizations) oluşmaktadır. Geçici çoklu organizasyon, belirli bir projeyi gerçekleştirmek için işbirliği ortamına katılan bağımsız organizasyonları ifade etmektedir. Her bir organizasyon kendi hedeflerini göz önüne alarak, genel olarak belirlenen hedeflere yönelik olarak çalışmaktadır.

3) MMÜ endüstrisinde gerçekleştirilen işbirliği, süre olarak önceden belirlenen çalışma zamanlarını aşmaya eğilimlidir. Diğer alanlarda gerçekleştirilen işbirliğinden farklı olarak, bazı katılımcılar işbirliği sürecinde ayrılsalar bile, onlar tarafından alınan kararlar ve gerçekleştirilen eylemler proje üzerindeki etkinliğini korur.

MMÜ endüstrisinde geleneksel işbirliği yöntemi, tasarım ve uygulama belgelerinin basılı ortam üzerinde paylaşılmasına dayalıdır. Sunum ve görselleştirme amaçlı 3B modeller hazırlanmakla birlikte, tasarım ve uygulama aşamalarında tamamen uyumlu bir 3B çalışma sisteminden bahsetmek mümkün değildir.

Internet üzerinden gerçekleştirilen sayısal işbirliği veya uzaktan erişimli işbirliği olarak adlandırılan işbirliği, MMÜ endüstrisine, geleneksel sınırların ötesine geçerek çalışmalar gerçekleştirme olanağı sağlamıştır. Ancak, Internet üzerinden uzaktan erişimli işbirliği günümüzde halen gelişme aşamasını yavaş bir biçimde yaşamaktadır. Gelişme ve adaptasyonda ortaya çıkan yavaşlık, çok sayıda katılımcının bir arada çalışmak durumda olması, güven ortamının kurulmasının uzun sürmesi, bazı durumlarda fiziksel yetersizliklerin ortaya çıkması, belirli bir kalitenin sağlanmasının gerekmesi vb. durumlardan kaynaklanabilmektedir.

MMÜ endüstrisinde sayısal işbirliğinin başarılı bir şekilde gerçekleşebilmesi için, kullanılan Bilgisayar Destekli Tasarım (BDT) programlarının belirli standartlara göre veri paylaşımı ve değişimi yapması gerekmektedir. Bu amaçla, IAI (International Alliance for Interoperability - Uluslararası Birlikte İşlerlik Kurumu), IFC (Industry Foundation Classes) adı verilen, MMÜ sektöründe veri değişimi ve paylaşımı gerçekleştirmek için kullanılan bir yöntem geliştirmiştir. IFC, verinin ne olduğunu ve veri değişiminin nasıl gerçekleştiğini tanımlayan bir çerçevedir. IFC, nesnelerin taşıdığı özellikleri içerir. Örneğin, IFC kullanılarak oluşturulan bir kapı nesnesi yalnızca çizgilerden ve geometrik öğelerden meydana gelmemektedir, kapı nesnesine ait özellikler, aynı zamanda kapının geometrik tanımlamasına bağlıdır.

MMÜ sektöründe, IFC kullanılmaya başlamadan önce yapı tasarımı, uygulaması, kullanımı vb. için kullanılan bilgisayar programları IGES, STEP, DXF veya DWG formatları aracılığıyla veri paylaşımını gerçekleştirmekteydi. Bu formatların hiçbiri grafik ve grafik olmayan veri tiplerinin paylaşımında IFC'nin gösterdiği başarıyı gösterememekteydi. Dolayısıyla yapıları tasarlamak ve uygulamak için oldukça uzun bir süre gerekmekteydi ve yapıların yapım, bakım ve işletim maliyetleri artmaktaydı. Günümüzde, mimari tasarım ve uygulama açısından sağlıklı bir veri paylaşımının önemi yadsınamaz. Sağlıklı bir veri paylaşımı gerçekleştirebilmek için, verilerin otomatik olarak değiştirebileceği ve paylaşılabileceği bir ortama ihtiyaç duyulmaktadır.

1.1 Amaç

Tasarım, pek çok farklı disiplinin bir arada çalışmasını gerektiren karmaşık bir süreçtir. Geleneksel tasarım sürecinde, mimari tasarım ve mühendislik tasarımı (statik, elektrik, IHİ (Isıtma, Havalandırma, İklimlendirme) vb.) birbiriyle ilişkili süreçler olmakla birlikte, istenen ölçüde etkileşimli değildir. Mimari tasarım mekânların tanımlanması ve düzenlenmesi üzerinde çalışırken; yapısal ve strüktürel tasarım mekânları oluşturan yapı elemanları ve strüktürün tanımlanması ve düzenlenmesi, elektrik donanımı tasarımı mekânlardaki elektrik donanımının tanımlanması ve düzenlenmesi ve IHİ tasarımı mekânlardaki ısıtma, havalandırma ve iklimlendirme donanımının düzenlenmesi üzerinde çalışmaktır. Mimari tasarım ve mühendislik tasarımı süreçleri, birbirinden bağımsız ilerler gibi gözükse de, yapı tasarımı sürecinin başarısı mimari tasarım ve mühendislik tasarımı üzerinde çalışan gruplar arasında oluşturulacak işbirliğinin verimliliğine bağlıdır.

Günümüzde, çeşitli Bilgisayar Destekli Tasarım (BDT) sistemleri arasında bağlantı kurularak işbirliği yapılmasına çalışılmaktadır. Bu BDT sistemleri, yapı tasarımı sürecine ait tüm bilgilerin bir araya getirebildiği bir işbirliği ortamı oluşturabilecek şekilde programlanabilmektedirler. Bilgisayar destekli işbirliği ortamları, yapı tasarımı sürecindeki kullanıcıların işbirliğini kolaylaştırmakla birlikte, tasarım sürecinin gelişimine yeterince destek olamamaktadır. Kullanılan sistemlerin birbirleri ile olan uyumsuzlukları en önemli nedenlerden birisidir. Bir diğer neden ise, güncel işbirliği ortamlarının, dosya tabanlı veri saklama çözümleri üzerine kurulu olmaları ve yapı ile ilgili bilgileri ortak bir veritabanı üzerinde saklayabilecek bir sistem kullanmamalarıdır.

Son otuz yılda, BDT sistemleri, Yapı Bilgi Modeli (Building Information Model/BIM) programlarıyla birleşerek gelişmiştir. Yapı Bilgi Modeli (YBM), yeni bir tasarım ve belgeleme yöntemidir. YBM terimi, bir yapının tasarım, üretim ve yönetim bilgisinin oluşturulmasını ve kullanılmasını içermektedir. YBM, bir yapıya ait tüm bilgileri tutarlı bir şekilde bir araya getirerek, katılımcıların koordinasyon içinde çalışmasına olanak sağlar. Bu açıdan bakıldığında, YBM diğer niteliklerinin yanı sıra yapı tasarım sürecinde işbirliğini kolaylaştıran bir nitelik de taşımaktadır.

Achten (2002), bir işbirliği ortamının yararlarını şu şekilde sıralamaktadır:

1) Kullanıcılara, tasarım problemini çözerken tek başlarına olmadıklarını bir ortam sağlar. Kullanıcıların bir takım olarak çalışmaları gerekliliğine dikkat çeker.
2) Kullanıcıların, herhangi bir zaman ve herhangi bir yerden tüm tasarım verilerine ulaşabilecekleri bir ortam sağlar.
3) Kullanıcıların, herhangi bir kullanıcının ortaya koyduğu işin niteliğini görmesine yardımcı olur.
4) Tasarım kararlarının açıklanmasına yardımcı olabilecek, tasarım sürecinin adımlarını belgeleyen bir kayıt oluşturur.

Her disiplin, kendi BDT ortamında çalışmakta ve bu BDT sistemlerine özgü özel dosya biçimleri kullanmaktadır. IAI (International Alliance for Interoperability - Uluslararası Birlikte İşlerlik Kurumu), farklı disiplinlerin kullandığı dosya formatlarının bir arada çalışabilmesi için IFC (Industry Foundation Classes) standardını geliştirmektedir. IAI, inşaat ve tesis idaresi sektöründeki verimliliğin ve etkinliğin artması için sektördeki kurumların oluşturduğu bir birliktir (2). IFC'den önce IGES, STEP, DWG, DXF formatları üzerinden dosya değişimi yaparak işbirliği gerçekleştirilebilmekteydi. IFC'nin bu sistemlere göre avantajı, nesne tabanlı bir standart olmasıdır. Nesne tabanlı sistemlerde aynı veri içinde farklı temsiller bir arada bulunabilmektedir. İşbirliği ortamının katılımcıları tüm verileri görebilmekte ve istedikleri verileri alıp kullanabilmektedir.

IFC standardı, bir yapı bilgi modeli aracılığıyla, farklı BDT ortamlarının birlikte çalışmasını mümkün kılmaktadır. Bununla birlikte, bir yapı bilgi modelinin oluşturulması, bir MMÜ projesinde gerçek anlamda işbirliği oluşturmak için yeterli değildir. Bir MMÜ projesinde gerçek anlamda işbirliği oluşturabilmek için şu durumların gerçekleşmesi gerekmektedir:

1) Katılımcıların birlikte hareket edebileceği, katılımcılar ve sürecin kendisi arasında verinin bütünleşmesini sağlayan bir **çalışma ortamı** olmalıdır,
2) Katılımcıların ortak çalışma ortamına ulaşmasına yardımcı olan bir **iletişim platformu** (Internet, Intranet, Sanal Ağ vb.) olmalıdır,

3) Bu platformu kullanarak iletişime geçebilecekleri **araçlar** (yazılı, sözlü, görüntülü görüşme) olmalıdır,

4) Katılımcılar arasında **farkındalık** olmalı, tüm katılımcılar ortak bir hedefe ulaşmak için çalıştıklarını bilmelidir,

5) **Veri paylaşımının koordinasyonu** gerçekleşmeli ve bu amaçla katılımcılar arasında hiyerarşik bir düzenleme yapılmalıdır.

Bu çalışma, **"Bir MMÜ projesinde gerçek anlamda işbirliği sağlamak için, yapı bilgi modelinin oluşturulması tek başına yeterli değildir"** savından hareket etmektedir. Bu çalışmanın amacı, IFC veri tipine dayalı, farklı disiplinlerden katılımcıların işbirliği yapmasına imkân vererek birlikte çalışmayı kolaylaştıracak ve gerçek işbirliği sürecinde kullanılabilecek bir işbirliği ortamı önerisi geliştirmektir. Bu ortamın geliştirilmesi için sırasıyla, işbirliği yaparken karşılaşılan sorunlar ve beklentiler belirlenmiş, geliştirilen ortamın kuramsal modeli hazırlanmış ve senaryosu kurgulanmıştır.

1.2 Kapsam

Bu çalışmanın kapsamında, YBM, IFC standardı ve işbirliği konuları detaylı olarak incelenmiştir. YBM'nin ne olduğu ve günümüzdeki kullanım alanları hakkında bilgi verildikten sonra, Birlikte İşlerlik (Interoperability) kavramı açıklanmıştır. Nesne tabanlı bir yapı bilgi modeli olan IFC'nin önemi, yapısı, özellikleri, tanımlama yetenekleri üzerinde durulmuştur. IFC'nin kullanım alanları ve getirdiği yenilikçi yaklaşımdan bahsedildikten sonra, son olarak IFC'nin problemleri ve gelecekteki gelişimiyle ilgili öngörüler irdelenmiştir. Bu konuların oluşturulan işbirliği ortamı önerisi açısından önemi ayrıca ele alınmıştır.

İşbirliği kavramı ve işbirlikçi tasarım konuları, çalışma açısından önemi göz önüne alınarak detaylı bir şekilde irdelenmiştir. İşbirliğinin çeşitli tanımları verildikten sonra, işbirliği (collaboration) ve birlikte çalışma (co-operation) kavramlarının ilişkisi açıklanmış, geleneksel ve sayısal işbirliği yöntemlerinden bahsedilmiştir. İşbirlikçi tasarımın ne olduğu, özellikleri, işbirlikçi tasarım ve BDT konuları üzerinde durulmuştur. MMÜ endüstrisi, günümüzde ağırlıklı olarak Çevrimiçi İşbirliği ve Proje Yönetimi (ÇİPY) teknolojisinden yararlanmaktadır. ÇİPY teknolojisi, bilginin oluşumu, kullanılması, depolanması, iletimi ve yeniden kullanımı için kullanılan sistemlerin genel tanımlamasıdır. Bu tez kapsamında bu teknolojinin ne olduğu, projelerde kullanımı, sağladığı yararlar, gelecekteki durumu vb. konular irdelenmiştir. Mevcut işbirliği ortamı hakkında bilgi edinebilmek açısından MMÜ endüstrisinde kullanılan güncel işbirliği yazılımları detaylı olarak incelenmiştir. Güncel işbirliği yazılımlarının incelenmesi geliştirilen işbirliği ortamının çalışma yönteminin oluşturulmasına veri sağlamak amacıyla yapılmıştır.

Son olarak güncel BDT programları, bu sistemlerin IFC veri tipine dayalı yapı bilgi modelleri ile nasıl etkileşim kurduklarını anlamak açısından incelenmiştir. Çalışmada, veri transferi ve veri bütünlüğü konuları ele alınmamaktadır. Bu konular, daha ileri düzeyde bilgisayar programlama bilgisi gerektirmekte olup bilgisayar bilimlerinin araştırma kapsamı içinde yer almaktadır.

Kullanıcı ve yapı bilgi modeli arasındaki ilişkinin nasıl oluştuğu ve bu ilişkinin koordinasyonu konuları üzerine odaklanılmaktadır. Bu konunun incelenmesi, işbirliği ortamındaki iletişimi geliştirecek, katılımcıların problem çözebilme yeteneğini arttıracak, katılımcıların daha hızlı ve doğru bir biçimde karar vermesine yardımcı olacak ve veri paylaşımında yaşanan sorunları ortadan kaldıracaktır.

Bu çalışmada tasarım süreci, ilk tasarım fikirlerinin oluşturulduğu erken tasarım süreci olarak ele alınmamaktadır. Tasarım süreci, erken tasarım sürecinden sonra ortaya konulan tasarım modellerinden üretim sürecine geçiş aşaması olarak kabul edilmiştir.

1.3 Konu ile İlgili Çalışmalar

Gerçekleştirilen çalışmanın kuramsal çerçevesini oluşturabilmek için daha önceden işbirliği alanında yapılmış bazı çalışmalar incelenmiştir. Bu bölümde incelenen çalışmalara yer verilmiştir.

3B Modellerin Internet Ortamında Sanal Olarak İşaretlenmesi (Jung, Do, Gross, 1999)

Bu çalışmada, tasarım alternatiflerinin sunumu, yorumlanması ve değerlendirilmesi için bir üç boyutlu işbirliği ortamı önerilmektedir. Bu sistem iki farklı yöntem sunmaktadır. Her iki yöntemde de tasarımcı VRML (Virtual Reality Markup Language – Sanal Gerçeklik İşaretleme Dili) biçiminde hazırlanmış bir modeli sisteme göndermektedir. Kullanıcılar ise, VRML özelliği bulunan bir ağ tarayıcısı kullanarak modeli deneyebilmektedir. Birinci yöntemde, kullanıcı bir Java programcığı kullanarak model üzerine notlar ve semboller yerleştirebilmektedir. İkinci yöntemde, kullanıcı Java kontrollü bir VRML tarayıcısı ile etkileşime geçerek modeldeki nesneleri seçebilmekte, üzerlerinde değişiklik yapabilmekte ve inceleyebilmektedir. Kullanıcı ayrıca tasarım nesnelerinin konumunu, rengini, dokusunu değiştirebilmektedir. Her iki yöntemde de yapılan değişiklikler ayrı dosyalar olarak saklanmaktadır.

Bu çalışmada, dört farklı seviyede teknoloji kullanılmıştır. Bunlar temel VRML modelleme, küçük kodlar aracılığıyla VRML ve Java etkileşimi, EAI (enterprise application integration –

işletme yazılımları bütünleşmesi) aracılığıyla VRML ve Java etkileşimi ve dosya yüklemek ve yeni dosyaları kaydetmek için CGI kodları.

Geliştirilen senaryo, bir mimar ve iki müşteri arasındaki bir konut tasarımı üzerinedir. Benzer bir tekniği, mimarlık okullarında sanal tasarım stüdyosunda ve profesyonel anlamda tasarım ofislerinde kullanmak mümkündür. Senaryoya uygun olarak geliştirilen işaretleme prototipinin özellikleri ise şunlardır:

- Geleneksel sanal gerçeklik uygulamasının kullanılması,
- Kullanıcıların modelin içinde dolaşabilmeleri, nesneler istedikleri şekilde yerleştirebilmeleri,
- Mevcut kullanım eşzamansız olmakla birlikte, eşzamanlı kullanılabilecek şekilde uyarlanabilmesi,
- VRML modelinin geometrik bir model olması.

Etken Sistem Destekli Birlikte İşlerlik (Steinmann, 2003)

MMÜ endüstrisinde kullanılan yazılımlar üreten Nemetschek firması tarafından geliştirilen bu yöntem ile, Allplan kullanan mimar ve inşaat mühendisi arasında gerçekleşen problemlerin etken (agent) sistemler ile çözülebilmesi sağlanmaktadır. Bu yöntemde kullanıcılar çalışma ortamlarında bir etken sistem kullanmakta ve problemlerin tespitini ve olası çözümlerin yine bu etken sistem tarafından ortaya konmasını beklemektedirler. Etken sistem, üzerinde çalışabilmesi için yapı bilgi modelini kullanılan yazılımdan okuyarak XML veri modeline aktarmakta ve bu verilerin arasında bütünlüğü sağlamaya çalışmaktadır. Bütünlüğün engellendiği durumlarda, etken sistem problem çözümü için olası hesaplamaları yaparak bir öneri hazırlamakta ve kullanıcıların dikkatine sunmaktadır.

IFC Yapı Modeli Kullanılan Çok Disiplinli Tasarım Stüdyosu (Plume, Mitchell, 2005)

Bu çalışmada, işbirlikçi tasarımı destekleyen bir paylaşımlı IFC yapı modeli aracılığıyla gerçekleştirilen bir stüdyo çalışmasından bahsedilmektedir. Stüdyo, University of New South Wales – UNSW'de 2004 yılının ikinci yarısında, mimarlık, iç mimarlık, peyzaj tasarımı, makine mühendisliği, inşaat mühendisliği, planlama ve çevresel sürdürülebilirlik alanlarında eğitim gören 23 lisans öğrencisinin katılımıyla gerçekleştirilmiştir.

Bu çalışmanın amacı, çok disiplinli bir tasarım ortamında kullanıldıklarında mevcut yapı modelleme tekniklerinin sağladığı faydaları incelemektir. Bu amaç doğrultusunda, işbirlikçi tasarım ortamında paylaşımlı yapı modeli kullanımının etkilerini incelemeyi; verimli bir işbirlikçi tasarım ortamını destekleyecek enformasyon oluşturma anlayışını geliştirmeyi;

mevcut IFC standardını işbirlikçi tasarım ortamına kazandırdıkları açısından değerlendirmeyi hedeflemektedir.

Stüdyoda çalışılan konu, kentin işlek yollarından birinin üzerinde konumlanan bir meclis binası ve emekliler için yaşam birimleri tasarlamaktır. Öğrenciler öncelikle ArchiCAD yazılımı aracılığıyla bir ön tasarım gerçekleştirmişlerdir. Tasarım konusu yerel yönetim tarafından uygulanması düşünülen bir konu olduğundan, yerel yetkililer ve bu konuyla ilgili uygulamalar yapan mimarlar, öğrencilere bilgi aktarmak adına stüdyo çalışmalarına katılmışlardır. Her bir öğrenci planlama, bina yönetimi, ısısal tasarım, akustik tasarım, ışıklandırma, ulaşım, özürlüler için ulaşım, sürdürülebilirlik vb. konularda özel bir görev üstlenmiştir.

Projenin başlangıç aşamasında öğrencilerden, kendi özel görevlerine göre bina programını değerlendirmeleri, bu değerlendirmeleri bir rapor aracılığı ile anlatmaları ve ilgili tasarım verilerini paylaşımlı modele eklemeleri istenmiştir. Daha sonra öğrenciler, üç gruba ayrılmıştır ve projenin belirli bir bölümünü ilgilendiren bir tasarım görevini bir takım çalışması görevi olarak üstlenmişlerdir. Her takım elemanı, bir tasarım analizi ve bir veya daha fazla tasarım önerisi gerçekleştirmiş ve diğer takım elemanlarıyla bu önerileri tartışmıştır.

Çalışma kapsamında "EPM Technology" firması tarafından sağlanan bir IFC model sunucusu kullanılmıştır. Model aracı olarak ArchiCAD ve ilk tasarım fikirlerini yansıtmak için Solibri Model Checker (SCM) kullanılmıştır. Paylaşımlı modele ulaşım Internet aracılığıyla sağlandığından, öğrenciler Internet erişiminin olduğu herhangi bir noktada çalışabilmektedirler.

Bu çalışmada yapı modeli ile ilgili olarak ilk önemli konu, mekan veya oda tanımlamasıdır. Hemen hemen tüm işbirliği uygulamaları yapının işlevsel kullanımını tanımlamak için öncelikle mekanların tanımlanmasını gerektirmektedir. Bu stüdyoda kullanılan kaynak modelde ise, mekan verilerini paylaşımlı modele aktarmak için ek işlemler yapmak gerekmektedir. Mekan tanımlaması yapmak için kullanılan sistem Singapur kural kontrolü (Singapore Code Checking) sistemidir. Bu sistem, spesifik bilgiler ve yapım belgelerinin oluşturulmasında karmaşık bir çalışma biçimi gerektirmekle birlikte, stüdyonun gerekliliklerine uygun kapsamda bulunduğundan seçilmiştir.

İkinci önemli konu geometrik modelin tutarlılığıdır. Model genel anlamda doğru olmakla birlikte, bazı duvar bağlantıları yanlış hizalanmıştır. Stüdyoda bu durumunun çok kritik bir sorun teşkil etmediği görüşü olmakla birlikte, en azından düzeltilmesi için zaman harcamak bile bir eksiklik olarak ele alınmasını gerektirmiştir. Üçüncü önemli konu, yapı modeli girdilerinin uygun olarak kullanımıdır. Bu paylaşımlı modelin anlamsal entegrasyonu ile ilgili olup, her uygulama bu konuda kendi özelliğine sahip olduğundan daha karmaşık bir konudur. Dördüncü ve en önemli konu, işbirliği uygulamalarının spesifik analizlerini destekleyen özellik bilgilerini içeren yapı elemanlarına duyulan ihtiyaçtır. Paylaşımlı model ile ilgili temel gereklilikler, standart IFC modeli aracılığıyla sağlanmakla birlikte, daha özel veriler özellik setleri (PSet) ile oluşturulmaktadır. Stüdyoda kullanılan Solibri Model Checker programının PSet verilerini okuyamaması ise, öğrencilerin bu verilerin kontrolünü yapmak için IFC modelini ArchiCAD programına aktarmak zorunda kalmalarına neden olmuştur.

Sonuç olarak, bu çalışma işbirlikçi tasarım ortamını destekleyen bir yapı modeli oluşturmanın önemini bir kez daha göstermiştir. Oluşturulan yapı modelinin yönetimi konusu bir diğer önemli konu olup, pek çok araştırma bu konuya değinmekte ancak bunların çok azı bir çözüm önerisi sunmaktadır. Bu çalışma, ayrıca sağlıklı bir işbirliği ortamı oluşturmak için alınan kararların ardındaki anlamları da ilişkilendirecek bir yol bulmanın önemli olduğunu göstermiştir.

Gemi Tasarımı İçin Bir İşbirlikçi Model (Tann, Shaw, 2007)

Gemi tasarımında, farklı donanımlar gerektiren çeşitli yazılımların kullanıldığı karmaşık bir tasarım ortamı mevcuttur. Tasarım sürecinin farklı aşamalarında değişik BDT yazılımları farklı bölümler tarafından kullanılmaktadır. Genelde sonuç ürün basılı paftalar aracılığıyla tartışılmaktadır. İleri 3B modelleme araçları, verimliliği arttırmak amacıyla pek çok yeni geminin tasarım ve yapım aşamasında kullanılmaktadır. Bu çalışmanın amacı, Internet tabanlı veri paylaşımına izin veren, 3B modellerin kolayca üretilmesini sağlayan, ürün verilerini aktarabilen, model değişikliklerini XML biçiminde yapabilen bir işbirliği modelinin çerçevesini tanımlamaktır.

Gemi tasarımında koordinasyon, son yıllarda üzerinde giderek daha fazla çalışılan bir konudur. Günümüzde modern ticaret gemilerine olan ilgi giderek artmakta ve bu gemilerin tasarımı giderek karmaşıklaşmaktadır. Bununla birlikte, bu gemilerin tasarımı için öngörülen süre ise giderek kısalmaktadır. Dolayısıyla, uygun tasarım sistemlerinin kullanımı vazgeçilmez hale gelmiştir. Gemi tasarımı ve yapımı süreci, birbirinden tamamen farklı çok sayıda yazılım aracı içermektedir. Bu yazılımlar, strüktür tasarımı, performans tasarımı, üretim süreci planlaması vb. amaçlara hizmet vermektedir. Bu yazılımların her biri, belirli bir probleme çözüm üretmekte olup, kendi modellerini oluştururlar ve diğer yazılımlarla oldukça sınırlı bir etkileşim içindedirler.

Kompleks bir gemi tasarımı projesi, aynı tasarım modelinin farklı özelliklerinin bir arada ifade edilmesini gerektirebilir. Bu tip bir tasarımın içerdiği verilerin tutarlı bir şekilde yönetilmesi önemli bir görevdir. Ürün modelleme teknikleri, ortak verilerin bulunduğu bir merkezi veri deposu aracılığıyla bu görevi yerine getirmektedir. Modelleme araçları, bu ortak veri deposuna ulaşarak kendi eklentilerini ekleyebilir, burada çalışabilir ve buradan veri transferi yapabilir. Burada sözü edilen veri, ürünün geometrik, topolojik, işlevsel, malzemesel, üretimsel, operasyönel vb. diğer özellikler ile ilişkilidir. Gemi endüstrisinde son yirmi yıldır ürünün tüm oluşum döngüsünün belirlenmesi üzerinde çalışılmaktadır. Gemi ürün modelinin oluşturulması ve kullanımı ise çeşitlilik göstermektedir. Örneğin, 3B geometrik veriler tasarım ve yapım safhasında daha çok kullanılırken, maliyet ile ilgili veriler atık yönetimi safhasında daha çok kullanılmaktadır.

Gemi üretimi sektöründe, 1990'lardan beri Tribon ve PDMS (Plant Design Management System) sistemleri kullanılmaktadır. Bu sistemler yüksek maliyetli olup, tasarım ve yapım sürecini tamamlamak için çok fazla zaman harcanmasına neden olmaktadır. Bir adımın diğerini takip etmesi şeklinde ilerleyen geleneksel üretim süreci artık yetersiz kalmaktadır. En önemli ilerlemelerden biri, 3B modellemeler ile 2B çizimler arasında veri alışverişi yapabilmek olmuştur.

Geliştirilen işbirliği önerisinde, özel disiplinlerin merkezleri tasarım merkezi, mühendislik merkezi ve yönetim merkezi olarak adlandırılmaktadır. Bu merkezler Internet aracılığıyla birbiriyle ilişki kurmakta ve XML formatındaki enformasyonun değişimini yapmaktadır. Koordinatlı ürün modeli, ürün oluşturma sürecindeki detayları ve değerlendirme aşamalarını yansıtmaktadır. Bu aşamalar, özelleşmiş fonksiyonları gerçekleştiren çeşitli teknolojileri ve araçları içermektedir. Tam bir bütünleşme sağlayabilmek için, tasarım ve yapım sürecindeki birbirinden farklı tüm teknolojilerin ilişkilendirilmesi gerekmektedir. Mevcut BDT sistemleri bu ihtiyacı karşılayamamaktadır ve diğer teknolojilerle ilişki kurmakta limitli olanaklara sahiptir.

Internet tabanlı işbirliği önerisi, gemi strüktürünün XML şeması aracılığıyla nesne özelliklerini tanımlayan XML formatı kullanmaktadır. Bu şekilde, değiştirilen veriler tasarımın ilk safhalarından başlayarak görselleştirilmektedir. Farklı konumlarda bulunan tasarımcılar, bu görselleştirme sayesinde oluşturulan modelde tekrarlamalara girmek durumunda kalmamaktadır. Öneri, özellikle strüktür tasarımı aşamasında 2B çizimlerin kullanımını azaltırken, tasarım sürecini kısaltmakta ve dolayısıyla üretim sürecinin de kısalmasına neden olmaktadır.

Geliştirilen bu öneri KESS olarak adlandırılmaktadır. KESS, Tribon sistemiyle oluşturulan bileşenlerin tasarımını yapmak ve bu tasarımların doğruluğunu sınamak için tasarlanan Internet tabanlı nesne yönelimli bir sistemdir. KESS, bir gemi gövdesinin parçalarını tasarlamak için oluşturulmuştur.

KESS için gerekli veriler, veri kaynaklarından sağlanmaktadır. Kullanılan tasarım elemanları iki kategoriye ayrılmaktadır: Gerçekten tanımlanan elemanlar ve doğrulama için referans olarak kullanılan veya rapor veri oluşturmak için kullanılan elemanlar. KESS ve Tribon sisteminde üretilen bileşenler eşleştirilmekte ve model veritabanı Tribon sistemindeki en yeni veriler kullanılarak güncellenmektedir. Ayrıca, Tribon ve KESS arasında karşılıklı bir veri değişimi mevcuttur.

Sistemler arasındaki ilişki, tüm iletişim sürecini ve bağlantıları yönlendiren yardımcı yazılım ürünleri aracılığıyla sağlanmaktadır. "Adapter" adı verilen bu özel yazılımlar, heterojen uygulamaları ve uygulama bileşenlerini ilişkilendirmek amacıyla kullanılmaktadır.

KESS temel anlamda üç alt sistemden oluşmaktadır: Model g rselleştirici, bilgi sunucusu, Tribon uygulama sunucusu. Sistemde üç aktör vardır: Yönetici, modelleyici ve izleyici. Yönetici, sistemin başlıca aktörlerinden birisi olup, bilgi veri tabanından eleman değiştirmek, silmek vb. işlemler için tam yetkiye sahiptir. Modelleyici, model veritabanına erişme hakkında ve bilgi veri tabanını okuma hakkında sahiptir. Yönetici ve modelleyici benzer haklara sahip olduğundan, sistemi izleyici denilen ve sistemi okuma hakkına sahip olan üçüncü bir aktör eklenmiştir.

Internet tabanlı kullanıcı arayüzü, aktörlerin bileşenleri yönetmesine izin vermektedir. Bu ilişki ağları, TabStrip ve MultiPage aracılığıyla programlanmaktadır. Ayarların yapıldığı sayfalar yalnızca sistemin yöneticisinin erişimine açıktır. Bu ayar sayfaları aracılığıyla, sistem yöneticisi her türlü ayarlamayı yapabilmektedir. Herhangi bir makineden sisteme ulaşılabilirlik için, uygulama ilk açılışta kullanıcıdan parola sormaktadır. Sistemde çalışmaya başlarken, önce çalışılmak istenen proje seçilmektedir. Sistem açılışında kullanıcı tarafından seçilen proje, aktif proje olarak kabul edilmekte ve kullanıcı tarafından yapılacak diğer işlemler için öncelik taşımaktadır. Kullanıcı açılan listeden bir proje seçmedikçe diğer sayfalara ulaşması mümkün değildir. Bu durumda bir hata mesajı oluşturulmakta ve kullanıcıya gösterilmektedir. Bu mesajın ardından, kullanıcı tekrar ana sayfaya dönüp, başka bir proje seçme hakkına sahiptir.

KESS pek çok işlemi yerine getirebilen bir sistem sunmaktadır. Sistemler arasında veri değişimi yapılabilmesi ve kolayca 3B ürün modeli oluşturulabilmesi, tekrarlayan veri girişini ve veri tutarsızlığını azaltmaktadır. KESS sistemi, kolay ve hızlı bir şekilde çoklu veri depoları veya sistem araçlarıyla bağlantılı olarak çalışabilmektedir.

1.4 Yöntem

Araştırma üç ana aşamadan oluşmaktadır.

Literatür araştırmasının yapılması:

1) İşbirliği kavramı ve işbirliği ortamı konularının incelenmesi,
2) Güncel işbirliği yazılımlarının incelenmesi,
3) YBM ve IFC kavramlarının incelenmesi,
4) Güncel BDT yazılımlarının IFC ile olan etkileşimlerinin incelenmesi,
5) STEP ve EXPRESS veri dillerinin incelenmesi (Bakınız: Ek 3).

Geliştirilen işbirliği ortamına temel oluşturan kuramsal modelin hazırlanması ve alan çalışmasının yapılması:

1) Kuramsal modelin hazırlanması: Tasarımda işbirliğinin doğrusal ve döngüsel olarak iki şekilde gerçekleştirilebileceği kabul edilmiştir. Tasarımı geri dönüşlerle ilerleyen bir süreç olarak kabul eden bir döngüsel model kurgulanmıştır,
2) Gerçek bir işbirliği sürecinin sorunlarının ve beklentilerinin belirlenmesi: Bu amaçla, farklı disiplinler arasındaki ilişkilerin irdelenebileceği tasarım ofislerinde bir anket çalışması uygulanmıştır. Anketin uygulanması için, büyük veya çok sayıda proje üzerinde çalışan, ulusal ve uluslararası çalışma ortakları olan, sekiz ve üzeri mimar veya mühendis çalışanı olan, yüklenici firmalar, yatırımcı ve danışmanlık şirketleri, ilgili bakanlık ve/veya belediye ile işbirliği yapan üç mimarlık ofisi seçilmiştir. Bu firmaların, tasarım sürecinde işbirliği yaparken yaşadıkları sorunların ve başarılı bir işbirliği gerçekleştirmek için beklentilerinin neler olduğu belirlenmiştir.

Senaryonun kurgulanması, ortamın geliştirilmesi:

1) İşbirliği senaryolarının kurgulanması: Isıtma, havalandırma ve İklimlendirme konuları ile satın alma konusunu irdeleyen iki farklı çok katılımcılı işbirliği senaryosu kurgulanmıştır,
2) Gerçek bir işbirliği sürecinde kullanılabilecek bir işbirliği ortamı önerisinin geliştirilmesi: Anketlerin değerlendirilmesinden elde edilen veriler, önerilen işbirliği ortamının geliştirilmesinde kullanılmıştır.

2. Tasarım Çalışmaları Ve İşbirliği Ortamı

Tasarım sürecinde pek çok aktör bulunmaktadır. Çeşitli tasarım disiplinlerinden tasarımcılar, mühendisler, yatırımcılar, belediye ve finans bu süreçte rol alan aktörlerdir. Tasarım sürecinde başarı, bütün bu aktörlerin birlikte verimli bir şekilde çalışarak sürece katılmaları ile gerçekleşmektedir. İşbirlikçi tasarım, tüm katılımcıların birlikte çalışarak tasarım sürecine katkıda bulunmalarıdır. İletişimi organize eden ve enformasyonu toplayan katılımcı tasarım, çok disiplinli tasarım, kooperatif tasarım gibi yaklaşımlar üzerinde çeşitli çalışmalar gerçekleştirmiştir, ancak son dönemlere kadar işbirlikçi tasarım konusu üzerinde fazla çalışılmamıştır.

BDT alanında işbirlikçi tasarım önemli bir çalışma alanı haline gelmektedir. İşbirlikçi tasarımı teşvik eden araçlar ve ortamlar oluşturmak için, teknoloji geliştirme güncel bir çalışma alanıdır. Bu konuda birbirinden bağımsız çeşitli araştırmalar yapılmakla birlikte, yöntem konusunda sorunlar yaşanmaktadır. İşbirlikçi tasarım konusunda yapılan araştırmaların ve kişisel deneyimlerin birleştirilmesi, bu konunun gelişime katkıda bulunacaktır.

2.1 İşbirliği Nedir?

İşbirlikçi sistemler, tasarımcılar arasında uzaktan iletişimi destekleyen bilgisayar sistemlerini tanımlamak için kullanılan bir terimdir. Tasarım alanında, bilgisayar destekli işbirlikçi tasarım (computer supported collaborative design) teriminin daha yaygın olarak kullanımı söz konusudur. Ayrıca, “co-operation” (işbirliği, birlikte çalışma ve ortak çalışma Türkçe karşılıklarıdır) kelimesi, “collaborative” kelimesinin yerine kullanılabilmektedir (Kvan, 2000).

İşbirlikçi tasarım konusundaki tartışmalar, bu sistemlerin davranışları, özellikleri ve uygulamalarının yanı sıra, sistemler arasındaki ilişkinin nasıl kurulacağı üzerine yoğunlaşmaktadır. Sistemler arasındaki ilişkinin kurulması kadar sistemlerin katılımcıları arasındaki ilişkinin kurulması da önem taşımaktadır. Katılımcılar yalnızca veri paylaşımına değil, iletişime de ihtiyaç duymaktadır.

Bir konu üzerinde birlikte çalışmak veya tartışmak, işbirliğinin gerçekleşmesi anlamına gelmemektedir. İşbirliği, belirli özelliklerin olması ve belirli durumların gerçekleşmesi halinde ortaya çıkmaktadır. Ayrıca, işbirliği sürecinin katılımcılarının bu sürece katkılarının ve etkilerinin eşit değerde olması beklenemez.

İşbirlikçi sürecin başarısı, kişisel olarak gerçekleştirilmesi mümkün olmayan bir durumun/eylemin, grup çalışması ile gerçekleştirilmesidir. İşbirlikçi sürecin başarısı şu üç durumun ortaya çıkmasına bağlıdır (Kvan, 2000):

1) Karşılıklı görev bağımlılığı (task interdependence): Grup üyelerinin nasıl birlikte çalışacağı,
2) Karşılıklı sonuç bağımlılığı (outcome interdependence): Sonuca ulaşılması durumunda grup performansının nasıl ödüllendirileceği,
3) Birliktelik potansiyeli (potency): Grup üyelerinin birlikteliğin getireceği verimliliğe inancı.

Bir işbirliği projesinin başarılı olması ise şu dört durumun gerçekleşmesine bağlıdır (Kvan, 2000):

1) Grup tanımının belirlenmesi,
2) Olası sonuçların, beklentilerin doğru tanımlanması,
3) İşbirliğinin gerekliliğinin ortaya konması,
4) Katılımcıların karşılıklı bağımlılık durumlarının açıkça belirtilmesi.

Günümüzde, işbirliği sürecinin zaman, mekân ve katılımcı sayısından bağımsız olduğu ve sürecin verimliliğinin bu parametrelere bağlı olmadığı genel anlamda kabul görmektedir. Katılımcı sayısı ile ilgili olarak Steiner (1972)*, dört sayısı üzerinde durmakta, en fazla dört kişiden oluşan gruplar arasında verimli bir işbirliğinin gerçekleşebileceğini ileri sürmektedir. 100'den fazla katılımcının bulunduğu bir işbirliği süreci içinde yer alan Sudweeks ve Rafaeli (1996) ise, bu sürecin verimli olduğunu belirtmektedir. Abarbanel vd. (1997), Boeing 777 uçaklarının geliştirilmesinde çalışan binlerce mühendisin kendilerini "işbirlikçi" olarak çalışan bir grup olarak tanımladıklarını belirtmektedir. Bu örneklerden yola çıkarak, işbirliğinin fiziksel ortamdan ve sayısal değerlerden bağımsız olduğunu bir kez daha söylemek mümkündür.

Verimli bir işbirliği oluşturabilmek için, farklı dünya görüşlerinin varlığından haberdar olmak ve bu görüşleri üst ölçekte birleştirecek araçlar geliştirmek gereklidir. Thomas Khun (1962), aşağıdaki araçlardan birini kullanarak gerçekleştirilecek böyle bir birleştirmenin farklı değerler dizisi (paradigmalar) arasındaki anlaşmazlıkları çözmek için kullanılabileceğini ileri sürmektedir. Khun'un (1962) bahsettiği araçlar şunlardır:

1) Taraflardan birini diğerinin görüşünü benimsemeye ikna etmek,

---

* Steiner, bu durumu "process gain" (işlem kazancı) kavramı ile tanımlamaktadır. Bir bireyin kendi başına gerçekleştirmesinin mümkün olmadığı bir görevin yerine getirilebilmesi için bireyler arasında kurulan işbirliği mutlaka bir kazanım sağlayacaktır.

2) her iki tarafın değerler dizisi açısından vazgeçilmez olan inanışlar üzerinde uzlaşarak bir ortaklığa varmak,

3) tarafların kendi amaçlarını daha kapsamlı bir süper amaca (super objective) ulaşmak için değiştirmeye gönüllü olmaları ile ortaya çıkan yeni bir süper değerler dizisine (super paradigm) ulaşmak. Bu süreç, işbirliğinin taraflarının üzerinde uzlaşmaya vardığı süper amacın varlığının tanınmasını gerektirir (Kalay, 1998).

2.1.1 İşbirliği ve Birlikte Çalışma Kavramlarının İlişkisi

İşbirliği (collaboration) ve birlikte çalışma (co-operation) kelimeleri hem dilimizde, hem İngilizcede benzer anlamlar taşıdıklarından yanlış anlaşmalara yol açabilmektedirler.

Oxford English Dictionary, "collaborate" kelimesini "sanatsal veya bilimsel işlerde birlikte çalışmak" olarak tanımlamaktadır. Latince "Col labore" kelimesinden türemiştir. Bu tanımdan yola çıkarak, işbirliği (collaboration) "bağlantılı problem çözme" olarak düşünülebilir. İşbirliği, bir grubu oluşturan tüm katılımcıların üzerinde birliğe vardıkları amaçlarını gerçekleştirecek tatmin edici sonuçlara ulaşmak için hep birlikte gayret sarf etmeleridir.

Oxford English Dictionary, "co-operation" kelimesini "ortak bir amaç için birlikte çalışmak" olarak tanımlamaktadır. Latince "co operari" kelimesinden türemiştir. Aynı sözlük, "co-operation" kelimesinin 1616 yılından beri İngiliz dilinde kullanıldığını, "collaboration" kelimesinin ise, 1860 yılında İngiliz diline girdiğini belirtmektedir.

Bu iki kelime arasındaki fark, birlikte çalışma kavramından ortaya çıkmaktadır. Bu açıdan bakıldığında, tasarım yapmak için birlikte çalışmak, örneğin bir eşyayı kaldırmak için birlikte çalışmaktan farklıdır. Tasarımda işbirliği, bütüncül yaratıcı bir sonuca ulaşmak için, yüksek düzeyde beyin aktivitesine dayalı birlikte çalışmanın gerektiği bir süreçtir. Aslında oluşturulması ve devam ettirilmesi, basitçe herkesin yalnızca görevini yerine getirdiği ve sonuca gereken önemin yeterince verilmediği bir grup çalışmasından çok daha zordur (Kvan, 2000).

İşbirliğinin (collaboration) anlamı üzerine yapılan bir araştırmada (Mattesich ve Monsey, 1992), koordinasyon adı verilen üçüncü bir kavram tanımlanmıştır. Bu araştırma, adı geçen kavramları şöyle açıklamaktadır:

Birlikte çalışma (Co-operation)

Genel olarak tanımlanmış bir görev, yapı veya gayret olmadan, biçimsel olmayan ilişkilere dayalı olarak oluşur. Enformasyon gerekli durumlar ortaya çıktığında paylaşılır ve sürece katılan her katılımcı kendi otoritesini korumaya çalışır. Süreçte kullanılan kaynaklar ve süreç sonunda elde edilen faydalar birbirinden farklıdır.

Koordinasyon

Tamamlanması gereken bir görevin olduğu ve daha biçimsel ilişkilerin gerçekleştiği bir süreçtir. Belirli planlamaların yapılmasını, rollerin belirlenmesini gerektirir. Her katılımcı kendi otoritesini korumaya yine çalışır, ama paylaşılan riskler artar. Katılımcılar kullanılan kaynaklara ulaşabilir ve sonuçta elde edilecek ortak faydalar vardır.

İşbirliği (Collaboration)

Daha sağlam ve belirlenmiş ilişkilere dayalı olarak gerçekleşir. Katılımcılar belirlenen hedeflere ulaşmak için, tam bir bağlılıkla çalışırlar. Katılımcılar, ortak otoritenin altında çalışırlar. Süreç, tamamen bağıntılı olduğundan, kazanılanların yanı sıra, kaybedilenler de herkesi etkiler (Mattessich ve Monsey, 1992)*.

2.1.2 Geleneksel İşbirliği Yöntemleri

Günümüzde halen sıklıkla geleneksel işbirliği yöntemlerine başvurulmaktadır. Yüz yüze görüşmeye dayalı işbirliği bunların içinde en çok kullanılanıdır. Yüz yüze görüşmeye dayalı işbirliğinde aynı ortam içinde bulunmak gerekmektedir. İletişim kendiliğinden biçimde fikirlerin sözlü olarak veya geleneksel olarak çizim araçları kullanılarak aktarımı ile gerçekleşir. Aynı ortamı paylaşmanın söz konusu olmadığı durumlarda, iletişim telefon ve posta veya faks yoluyla gönderilen grafik temsiller aracılığıyla gerçekleştirilir. Levine ve Ehrlich (1991), telefona dayalı iletişimin genel anlamda çok hızlı olduğunu ancak 2 ve 3 boyutlu görsel temsillerin sözlü temsillere aktarılması gerekliliğinin bazı ciddi iletişim aksaklıklarına yol açtığını belirtmektedir (Gabriel ve Maher, 2002).

MMÜ pratiğinde işbirliğine duyulan gerekliliğin ortaya çıkmasından sonra, iki yöntemin işbirliği sürecinde kullanılmak üzere adapte edildiğini söylemek mümkündür. Bu yöntemler, hiyerarşik karar verme (hierarchical decision-making) ve geçici bölünmüş sorumluluklar (temporally-partitioned responsibilities) şeklinde adlandırılır (Kalay, 1998).

Bir MMÜ takımını oluşturan profesyoneller arasındaki hiyerarşik karar verme iş sözleşmelerine dayanmakta olup, katılımcılardan birinin (çoğunlukla mimarın) takım lideri ve

---

* Mattessich ve Monsey (1992), işbirliği yapan bireylerin birlikte çalışan bireylere göre, içinde bulundukları sürece çok daha fazla bağlılık içinde çalıştıklarını, dolayısıyla bireylerin işbirliği sürecinin başarısına güveninin arttığını belirtmektedir.

geri kalanların alt yüklenici veya danışman oldukları bir görev paylaşımı vardır (Mohsini, 1992). Süreç açısından bakıldığında bu düzenleme verimli olabilir, ancak alt yüklenicilerin ürün üzerindeki etkilerinin azaltılması projeye karşı çalışma isteğini de azalttığından, genel ürün oluşturma performansının düşmesine neden olabilir. Dolayısıyla, elde edilen sonuçlar, genel beklentinin altında kalmaktadır.

Geçici bölünmüş sorumluluklar, tasarım/yapım/kullanım sürecinde, sorumlulukların ilerleyen adımlar şeklinde bir profesyonelden diğerine aktarılması anlamına gelmektedir. Buna göre, inşaat mühendisinin sorumluluğunun başladığı yerde mimarın sorumluluğu bitmekte, işletmecinin (facility manager) sorumluluğunun başladığı yerde ise inşaat mühendisinin sorumluluğu bitmekte ve süreç bu şekilde devam etmektedir. Süreç açısından bakıldığında bu yöntemde verimlidir, ancak sorumlulukların aktarılmasıyla bir önceki süreçte oluşturulan bilgiler kaybolduğundan kalite açısından zarar söz konusudur (Hitchcook, 1996).

Sonuç olarak, tartışmaya açık bu iki yöntemden birinin kabul edilmesi, projenin genel anlamda başarısız olmasına veya beklenenin altında bir performans ile sonuçlanmasına neden olabilir. Gerçek anlamda verimli bir işbirliği, ürünün tüm performansını geliştirecek ortak kararlar alabilme yeteneği gerektirir. Ancak, bu durumu kabullenmek ve böyle bir yetenek oluşturmak tasarımcılar için çok kolay değildir, çünkü yargılama ve değerlendirme yapmak üzere eğitim almışlardır. Yaptıkları gözlemler ve profesyonel dünya görüşlerinin oluşturduğu kuramsal altyapının kesişim noktasını bularak sonuca ulaşmaya çalışırlar. Profesyonel anlamda yargılama yapabilmek önemli bir mesleki yetenek olup, bu yargılamanın yapılamaması veya engellenmesi durumu, başarısızlık riskini arttırmaktadır. Bu durum, ancak istenilen amaçlara ulaşmayı sağlayacak risklerin alınmasıyla haklılık kazanabilir. Hiyerarşik karar verme ve geçici bölünmüş sorumluluklar şeklinde ilerleyen geleneksel işbirliği süreçleri, üst ölçekli amaçların oluşumunu ve gerçekleşmesini neredeyse imkânsız hale getirmektedirler (Kalay, 1998).

2.1.3 Sayısal İşbirliği Yöntemleri

BDT konusunda çalışan araştırmacılar, MMÜ endüstrisinde işbirliği sürecinde kullanılabilecek bütüncül modeller oluşturmayı hedefleyen çeşitli sayısal yöntemler geliştirmişlerdir. Bu yöntemler, genel anlamda tasarımcıların geliştirilen ürünle iletişim içinde olmasını ve ürünün verimli bir şekilde değerlendirmesini yapmasını amaçlamaktadır.

Ürün paylaşım yöntemleri (product-sharing methods) katılımcılar arasında iletişimi sağlamak için genel veri değişimi formatlarını kullanır. ID'EST, EDM, COMBINE, bu yöntemlere örnek olarak verilebilir (Kim vd., 1997, Eastman ve Siabiris, 1995, Augenbroe, 1995). Ürün paylaşımı yöntemleri, paylaşılabilir ürün modelleri geliştirmeye yönelik olup, veri paylaşımı, veri bütünlüğü ve eşzamanlılık konularına özellikle odaklanmaktadır. Bu yöntemlerin büyük bir çoğunluğu, verilere uygun bilgisayar programları aracılığıyla ulaşılabileceğini kabul etmektedir. FCDA ve ICM gibi bazı yöntemler ise, verinin uzmanlar aracılığıyla işleneceğini kabul etmektedir (Khedro vd., 1993). Bütün bu yöntemlerin altında yatan ortak kabul ise, verileri okuyanın (ister insan, ister bilgisayar sistemi olsun) kendi profesyonel bilgisini kullanarak verileri doğru bir şekilde yorumlayacağıdır. Valkenburg (1998)[*], ise bu yargının yanlış olduğunu kanıtlamıştır.

Performans değerlendirme yöntemleri (performance-evaluation methods), disiplinlere özgü performans değerlendirme yöntemlerini gelişmekte olan tasarım çözümünün performans değerlendirmesi ile birleştirir. BDA, IBDE örnek olarak verilebilir (Papamichael vd., 1998, Fenves vd., 1994). Bu yöntemlerin bazıları, genel bir değerlendirmeye varabilmek için, tasarım ölçütlerinin önemini ortaya koyan bir amaç setinin oluşturulmasını gerektirir (Manning ve Matar, 1992, Wiezel ve Becker, 1992). Buna alternatif, durum çalışmalarından geliştirilen ölçüm ve karşılaştırmaların kullanımıdır. Genel olarak, performans tabanlı sistemler, gelişen çözümün teknolojik özelliklerini vurgularken, işbirliğinde insan faktörünü çoğunlukla dikkate almazlar. Sonuçta, geleneksel işbirliği ile benzer şekillerde kısıtlamalara sahip olmaktadırlar.

Süreç tabanlı yöntemler (process-based methods), tasarımda karar verme sürecinin önceden belirlenmiş özelliklerini, tasarım amaçları, varsayımları ve argümanları açısından vurgular. Bu işbirliği yöntemi, ilk kez Rittel ve Kunz (1972) tarafından ortaya atılmış olup, MIKROPLIS, PHIDIAS I ve II ve Janus gibi durum ve bilgi tabanlı hipermedya sistemlerinde kullanılmıştır (McCall, 1986, McCall, vd., 1990, McCall, vd, 1994). Argüman oluşturmayı destekleyen etken tabanlı sistemler (agent-based systems) Pohl ve Meyers (1994) tarafından geliştirilmiştir. Bu sistemler, bir yandan tasarım sürecinin belirli doğasını anlamaya yardımcı olurken, diğer yandan tasarım bilgisini kodlayarak sayısallaştırmanın zorluğunu yaşamaktadırlar. Sonuçta, kısıtlı alanlarda kullanılırlar, örnek olarak NASA'nın geliştirdiği güneş modülü PHIDIAS II verilebilir.

---

[*] Valkenburg (1998), bir tasarımcı grubunun işbirliği sürecini incelediği çalışmasında, veriyi okuyanın mutlak doğru yorum yaptığının kabul edilmesinin, bireylerin sosyal, kültürel ve mesleki farklılıkları nedeniyle mümkün olamayacağını ispatlamıştır.

2.1.4 İşbirliğinde Eğitimsel Yaklaşım

İşbirlikçi tasarımda bu bölünmüşlük durumunun ortadan kalkması için, tasarım ve yapım sürecine dâhil tüm meslek adamlarının eğitimi sırasında birbirlerinin dünya görüşüne saygı duyarak çalışmanın önemi üzerinde durulmalıdır. Öğrencilere, kendi mesleklerine akran diğer tasarım disiplinlerinin yöntem ve bakış açılarıyla ilgili bilgi aktarılması, gelecekte tasarım ve yapım sürecinde karışılacakları sorunlara karşı farkındalık ve duyarlılık geliştirmelerini sağlayabilir.

Bununla birlikte, öğrencileri akran disiplinlerin bilgilerini de aktaracak şekilde eğitmeye çalışmak, gereğinden fazla bilginin aktarılmasını getireceğinden pratik bir yarar taşımaz. Pratik yarar getirecek yaklaşım, akran disiplinlerin ilgi alanları, amaçları, yöntemleri gibi konularda meslek adamlarını farkındalık yaratacak şekilde eğitmektir. Böyle bir yaklaşım, mimarlık ve inşaat mühendisliği öğrencilerini bir araya getiren bir ders aracılığıyla Stanford Üniversitesi'nde uygulanmıştır (Fruchter, 1994). Derse katılan tüm öğrencilerin akranlarının değer sistemleri ile ilgili bilgi edindikleri kanıtlanmışken, ders öğrencilerin disiplinler arasındaki farklılıkları anlamalarına yardımcı olmuştur.

2.2 İşbirlikçi Tasarım

Tasarım sürecinin pek çok aktörü olup, bu aktörler birlikte çalışmaktadırlar. Ancak, bu birlikteliğin işbirlikçi mi yoksa kooperatif mi olduğu tartışıla gelen bir konudur.

Tipik anlamda tasarım, kapalı uçlu ve devamlı bir süreçtir. Katılımcılar, birbirlerinin hareketlerinin ve niyetlerinin arkasındaki anlamları anlamaya çalışırlar. Burada doğrusal bir çalışma süreci söz konusudur (Kvan, 2000).

Diğer açıdan bakıldığında, tasarım, her katılımcının farklı alanlardaki deneyimlerini gerekli olduğu zaman paylaştığı dağınık ilerleyen bir süreçtir. Burada doğrusal olarak ilerleyen bir süreç yoktur, farklı adımlar vardır (Kvan, 2000).

Tasarım, devamlılık gösteren bir zaman aralığında gerçekleşir. Bir tasarım grubuna ne ile uğraştıkları sorulduğunda, aldıkları tasarım kararlarını, ulaştıkları çözümleri, yaptıkları tartışmaları vb. konuları, yani sonuç ürünü değil tüm süreci açıklayacaklardır (Kvan, 2000).

Gero ve McNeill (1998), yaptıkları araştırmada, tasarımın farklı ve ölçülebilir zaman aralıklarından meydana gelen bir dizi kesin olayı içeren bir süreç olduğunu göstermiştir. En önemlisi, bu tasarım olaylarının oluşma süresinin oldukça kısa olduğunu ortaya koymuşlardır.

Yaptıkları protokol analizlerinin birinde tasarım süreleri 30 saniyenin altında, deneyimli tasarımcılarla gerçekleştirdikleri diğer protokol analizinde ise 15 saniyenin altında kalmıştır.

Gero ve McNeill (1998), tasarımın farklı aktivitelerden oluşan bir seri olarak kabul edilebileceğini ve deneyim düzeyinin aktivitelerin yapılma biçimini etkilediğini göstermişlerdir. İşbirliği sürecinde katılımcı olarak bir araya geldiklerinde, tasarımcıların tasarım yapma aktivitelerinde değişiklik gerçekleşmez, çünkü işbirliği yapısı gereği kişiselliği içermektedir. Bu durumda, işbirliği süreci de farklı aktivitelerden oluşan döngüsel bir süreç olur. Katılımcılar, belirli bir zaman diliminde birlikte çalışırlar, sonra kendi çalışma alanlarına dönerler.

Bu modele göre, işbirlikçi tasarım, görüşme ve değerlendirme ortak aktiviteleri ile birbirine bağlanarak paralel gelişen uzman eylemlerden (expert actions) oluşur. Bu modelin çalışma biçimi doğası gereği kooperatiftir, işbirliği görüşme ve değerlendirme ortak aktivitelerinde görülür. Tasarım sürecinin bu bakış açısı, Maher vd. (1998) tarafından ortaya konan tasarım işbirliği sınıflandırması ile desteklenmektedir. Maher vd. (1998) şu sınıflandırmayı yapar:

1) **Faydacı işbirliği** (mutual collaboration): katılımcılar birlikte çalışırlar,
2) **Özel/ayrı işbirliği** (exclusive collaboration): katılımcılar, belirli zamanlarda görüşerek problemin farklı bölümleri üzerinde çalışırlar,
3) **Diktatör işbirliği** (dictator collaboration): katılımcılar, kimin yönetici olduğuna karar verir ve bu kişi süreci yönlendirir.

Maher vd. (1998), gözledikleri işbirliği süreçleri içinde en verimli olanın "özel işbirliği" olduğunu belirtmektedirler. Faydacı işbirliği, katılımcılar arasında çok hızlı bilgi değişimi yaşandığından sonuçsuz kalabilmekte ve diktatör işbirliği ise, sürecin lideri kendi fikrini ortaya koymak istediğinde gereğinden çabuk ama verimsiz bir şekilde sonlanabilmektedir.

Sonuç olarak, işbirlikçi tasarım, yaratıcı çözümlere ulaşabilmek için, kooperatif tasarıma göre daha entelektüel düzeyde çalışmayı gerektirmektedir. Daha fazla gayret gerektiren, oluşturulması ve devam ettirilmesi zor olan bir süreçtir. İşbirliği, katılımcıların kendilerini tamamen sürece adamasını gerektirmediği gibi, tüm kararlara ortak olarak varılmasını da gerektirmemektedir. Ancak, uzlaşma işbirliği için önemli bir kavramdır. Uzlaşma, katılımcıların gereken konularda fikir birliği yapabileceği uygun bir ortamın oluşturulmasıdır. Cross ve Cross (1995), işbirliği sürecinin katılımcılarının uzlaşma ile en iyi olmasa da yeterli tasarım kararlarına ulaşabileceklerini belirtmektedir. Burada bir yerme durumu söz konusu değildir, aksine en iyi olabilmek adına yüzeysel kalacak çözümlerin ilerisine geçmek ve gerçekten yaratıcı çözümler üretmekten bahsedilmektedir.

2.2.1 İşbirlikçi Tasarım ve BDT

Tasarım yöntemleri araştırmaları birlikte çalışmayı gerektiren yaklaşımları, tasarım araştırmalarının ilk dönemlerinden başlayarak ele almaktadır. Gregory (1966) tarafından yapılan çalışmalar örnek olarak verilebilir. İlk dönemlerde bu konular, teknolojik ve organizasyonel özellikleri ile ele alınmaktayken, günümüzde daha genel bir bakış açısı altında ele alınmakta; tasarım süreci, tasarımda kalite ve tasarım yönetimi konuları önem kazanmaktadır. BDT araştırmaları açısından işbirlikçi tasarım, tasarım araçları ve ortamlarının işbirliğine olanak sağlayacak şekilde nasıl oluşturulması gerektiği üzerine odaklanmaktadır (Achten, 2001).

Pek çok mevcut BDT uygulamaları, tasarımcılara bireysel anlamda hizmet etmekte olup, süreçten çok sonuç ürünün oluşturulması üzerine odaklanmaktadır. Bu durum son dönemlerde yapılan araştırmalardan (örneğin Aish, 2000) anlaşıldığı üzere değişmekte, özellikle akademik alanda yapılan BDT çalışmalarında süreç odaklı ve işbirlikçi tasarım konusunu irdeleyen çalışmalar yapılmaktadır.

80'li yılların sonlarından itibaren, üniversiteler sanal tasarım stüdyoları oluşturmaya başlamışlardır. İlk başlarda BDT yazılımları genellikle sonuç ürünü oluşturmak amacıyla kullanılmaktaydı. Internet ise bu stüdyolarda çalışan öğrenciler ve akademisyenler arasında bir iletişim ortamı oluşturmaktaydı. Bilgisayar Destekli İşbirliği Ortamı (CSSW) olarak adlandırılan sanal tasarım stüdyosu, Internet vb. iletişim ortamları üzerinden çalışan yazılımlar aracılığıyla, farklı tasarım gruplarının birlikte çalışarak tasarım yapmasını desteklemek amacıyla oluşturulmuştur. Farklı tasarım gruplarının çalışmalarını senkronize etmek üzerine odaklanmaktadır (Achten, 2001).

Sanal tasarım stüdyosu oluşturmanın gerekçeleri şunlardır:

1) Tasarım sürecindeki katılımcı sayısını arttırmak,
2) Tasarım probleminin karmaşıklığını arttırmak,
3) Tasarım enformasyonunun miktarını arttırmak,
4) Tasarım enformasyonuna ulaşma, organize etme ve işlemede karmaşıklığı arttırmak.

İşbirlikçi tasarımın avantajları ise şunlardır:

1) Daha iyi tasarım enformasyonu edinmek,
2) Gelişmiş ve hızlı iletişim sağlamak,
3) Tasarım problemi üzerinde daha fazla kontrole sahip olmak.

İşbirlikçi tasarımın kullanılmaya başladığı ilk dönemlerde, tüm katılımcılar tasarım problemi ile ilgili tüm kaynaklara eşit şekillerde ulaşmakta ve kullanabilmekteydi. Daha sonra kullanıcı arayüzü kavramının gelişmesiyle, katılımcılar tasarım enformasyonunu kendilerine uygun şekilde kullanabilmeye başladılar. Tasarım enformasyonu çalışmalarının gelişimi işbirlikçi tasarım kavramının gelişmesine de katkıda bulundu. İşbirlikçi tasarımın geleceği için düşünülen yeni hedefler şunlardır (Achten, 2001):

1) Biçimsel ve biçimsel olmayan iletişim araçlarını geliştirmek,
2) Yeni bir işbirlikçi tasarım kavramı ve tekniği oluşturmak,
3) İşbirlikçi tasarımın sosyal yönünü kuvvetlendirecek yöntemler geliştirmek.

2.2.2 İşbirlikçi Tasarımın Özellikleri

Tasarım sürecinin kalitesi, katılımcıların tasarım sürecine katkısını etkilemektedir. Bu kalite anlayışı, tasarımın teknik sürecinden daha önemlidir. Cheng ve Kvan (2000), ileri teknolojik yöntemlerle çalışmanın kaliteyi arttırmada çok önemli bir etkisi olmadığını belirtmektedir.

Katılımcı tasarım, çok disiplinli tasarım, kooperatif tasarım, çeşitli disiplinlerden katılımcıların yürüttüğü tasarım süreçleridir. İşbirlikçi tasarım konusunda, tam bir tanımdan ve belirli bir araştırma alanından bahsetmek henüz mümkün değildir.

Kooperatif tasarımda, katılımcılar önce tasarım probleminin bir parçasını çözerler ve bunu tasarımın geneli ile bütünleştirmeye çalışırlar. İşbirlikçi tasarımda ise, katılımcılar tasarım problemine parçalı olarak yaklaşmak yerine, problemi diğer katılımcılarla birlikte çalışarak çözme davranışı göstermektedirler (Achten, 2002).

İşbirlikçi tasarımda, bir katılımcının yaklaşımları ve kararları, diğer katılımcıların performansını etkilemektedir. İşbirlikçi tasarım ortamında edinilen çoklu enformasyon, tüm katılımcıların kullanımı açısından önem taşımaktadır. Bu çoklu enformasyon, tasarım problemine çözün ararken katılımcıları teşvik eder (Cheng, Kvan 2000).

Tasarım ortamında diğer katılımcıların varlığından haberdar olma, işbirlikçi tasarımın önemli bir özelliğidir. İşbirlikçi tasarım ortamında değişik derecelerde varlık gösterme durumu söz konusudur. Örnek vermek gerekirse (Achten, 2002):

- Statik olma, etkileşim içinde olmama,
- Doğrudan iletişim (ses veya yazı aracılığıyla),
- Odak veya eylem belirtme (katılımcının nereye baktığını gösterme),
- Sanal gerçeklik ortamlarında avatarlar aracılığıyla temsil.

İşbirlikçi tasarım ortamında varlık göstermede kullanılan bazı sistemler şunlardır:

- ICQ
- CUSeeMe

- Clearboard* (Ishii, Kobayashi, Grudin 1993)
- Immersive Redliner† (Jung, Do, Gross, 1999)
- Eduverse (Achten, 2002)
- Blaxxun‡ (Achten, 2002)
- GoogleTalk
- Windows Messenger Live
- Yahoo Messenger

Katılımcının durumu, diğer önemli bir noktadır. Katılımcının meşguliyet durumu, katılımcının çalışma ortamında bulunup bulunmaması vb. önemlidir. İşbirlikçi tasarım açısından katılımcıların birbirinin katılım durumundan haberdar olmaları gereklidir.

2.2.3 İşbirlikçi Tasarımın Oluştuğu Durumlar

Aşağıdaki durumlar gerçekleştiğinde işbirlikçi tasarım meydana gelir (Achten, 2002):

1) Tasarım üzerinde çalışan birden fazla katılımcı olması,
2) Katılımcıların birbirlerinin varlığından haberdar olmaları,
3) Tüm katılımcıların tasarımı yönlendirebilmesi,
4) Katılımcılar arasında bilgi paylaşımı olması.

İyi bir işbirlikçi tasarım süreci ise şunlardan oluşmaktadır (Achten, 2001):

1) Uzlaşma ve birbirlerinin niyetini anlamayı amaçlayan iletişim davranışı,
2) Birbirinin niyetini anlamayı ve çözüm tanımlamayı amaçlayan, gruplar arasında ilgi ayırımlarının tanımlanması,
3) Yukarıdaki süreci destekleyen iletişim ortamı.

İşbirlikçi tasarım, katılımcıların anlamlı bir şekilde bir arada çalıştıkları bir süreçtir. Yalnızca birlikte verimli olarak çalışmak değil, tüm katılımcıların hedeflerine cevap verebilecek sonuçlara ulaşmayı benimseyen bir süreçtir.

2.2.4 İşbirlikçi Tasarımın Gelişmesi Gereken Yönleri

İşbirlikçi tasarımın gelişmesi gereken yönleri şunlardır (Vera vd., 1998):

- İletişim dili; tasarım katılımcıları arasında daha iyi bir iletişim sağlama,
- Paylaşılan dil,

---

* Clearboard, saydam bir cam yüzeyinin çizim aracı olarak kullanıldığı, yüzeyin farklı taraflarındaki iki kullanıcının eşzamanlı işbirliği yapmasına imkan veren paylaşımlı bir çizim ortamıdır. Yüz yüze gerçekleştirilen işbirliği kavramına (face to face collaboration) yeni bir açılım getirmiştir.

† Immersive Redliner, bir tasarım sürecinin katılımcılarının tasarım nesneleri üzerine açıklama notları bıkabildikleri bir işbirliği sistemidir. İşbirliği ortamına bırakılan notlar, katılımcılar tarafından izlenebilmektedir.

‡ Blaxxun, geliştirilen ilk çok katılımcılı 3B sohbet platformlarından birisidir. VRML kullanılarak geliştirilmiş olup, Mart 2003'den bu yana Blaxxun Interactive olarak bilinmektedir.

- Farklılıklar,
- Diğer disiplinlerin bilgileri,
- İletişim ortamı; iletişim dilinin gelişmesine yardımcı teknik destek ve strüktürler,
- Veri strüktürleri,
- Veri ulaşımı,
- Ulaşılabilir iletişim araçları,
- Bilgi değişimi,
- İletişim davranışı; işbirlikçi tasarıma izin veren tüm iletişim aktiviteleri,
- Efektif katılım,
- Farkındalık,
- Görüş paylaşmak,
- Hedefler ve işlevler; hedeflere ulaşma ve işlevleri belirleme,
- Hedef birliği,
- Hedefleri açıkça ortaya koyma,
- Hedef ve sonuç yenilenmesi,
- Eğitim; eğitim deneyimlerinden bilgi edinme ve geliştirilen araçları ve kavramları eğitimde uygulama,
- Pedagojik sistem,
- İşbirliğinden öğrenme.

2.2.5 İşbirlikçi Bir Tasarım Ortamının Ana Hatları

Çizelge 2.1'de işbirlikçi tasarımın gelişmesi gereken özellikleri açısından başarılı bir işbirlikçi tasarım ortamının gereklilikleri açıklanmaktadır (Achten, 2002).

Çizelge 2.1 Bir işbirlikçi tasarım ortamının ana hatları.

ÖZELLİKLER	**GEREKLİLİKLER**
Kooperatif/İşbirlikçi	Katılımcıların etkileşimli çalışmasını zevkli hale getirmek, katılımcılara tüm tasarım problemlerini çözebilme yeteneği vermek
Teknik/Sosyal	Diğer katılımcıların varlığından haberdar olmak
Bilgisayar İnsan Arayüzü /İnsan İnsan Arayüzü	Katılımcıların kendileri değişik şekillerde ifade etmelerine izin vermek
Genel bakış/Kısmi bakış	Sorunları çözümlemek için araçlar sağlamak, tasarım verilerine esnek ve açık bir şekilde ulaşıma izin vermek
Kapasite/İçerik	İşbirlikçi tasarım için özellik taşıyan bilgilerin sunumunu sağlamak
İç isteklendirme/dış isteklendirme	Katılımcıların projenin ortak hedeflerinden haberdar olmasını sağlamak
Tasarım desteği/tasarım ortamı	Tasarım ortamını gerçek bir medyum haline getirmek

İşbirlikçi bir tasarım ortamının bölümleri şunlardır:

Çalışma alanı:

Katılımcının tasarımla uğraştığı alandır ve tasarım yazılımları ile bütünleşebilir. Tasarım belgeleri üzerinde yorum yapmak ve tashih için ayrı bir platform olabilir (Cheng, Kvan 2000).

Depolama:

İlgili belgelerin, verilerin ve katılımcıların diyaloglarının kayıtlarının saklanmalı ve gerektiğinde kolaylıkla ulaşılabilmelidir (Vera vd., 1998).

İletişim:

Konuşma, yazı ve çizim paylaşmaya izin veren iletişim servisleri aracılığıyla aynı anda birden fazla insan iletişim kurabilir. Yahoo Messenger, ICQ gibi servisler aracılığıyla veri paylaşımı hızlı ve çabuk bir şekilde gerçekleşmektedir (Vera vd., 1998).

Kayıt edici:

İşbirlikçi tasarım ortamındaki olayları kronolojik bir şekilde kayıt eden bir araçtır (Hirschberg vd., 2000).

Kayıt gösterici:

Projenin geldiği aşamada ilgili tüm belgeleri gösteren bir araçtır. Katılımcıların proje üzerinde görüş bildirmelerine, yorum yapmalarına izin verir.

İlişkilendirici:

Belgeleri tasarım yazılımları ile ilişkilendiren araçlardır. Böylece katılımcılar kendi yazılımlarını rahatlıkla kullanabilirler.

Avatar sistemi:

İşbirlikçi tasarım ortamında katılımcıların varlığını gösteren çeşitli temsillerdir.

2.3 İşbirlikçi Tasarım Araştırmaları

İşbirlikçi tasarım araştırmaları, yöntem ve uygulama alanı bakımından çeşitlilik göstermektedir. Bu araştırmalar kavramdan şematik uygulamaya ve oradan detaylı uygulama ve test aşamalarına doğru ilerleyen bir gelişme şeması izlemektedir. Akademik çalışmalar, kavram aşamasında kalabilirken, ticari uygulamalara yönelik çalışmalar piyasada kullanılabilecek teknolojik özelliklere sahip arayüzler geliştirmeye yönelebilmektedir. Ticari uygulamaya yönelik işbirliği çalışmaları, MMÜ sektöründe gerçekleşmektedir.

2.3.1 Kavramsal Araştırmalar

MMÜ işbirliği sürecinin işleyişi ve geleceği hakkında açıklama yapan çalışmalardır. Mevcut enformasyonun analizi sonucunda elde edilen veriler kavramsal bir çerçeveye oturtulur. Bu tip araştırmalar, pilot projelerin sonuçları ile desteklenen tartışmalar ortaya koydukları zaman çok yararlı olabilmektedir. 1990'ların başında Mitchell (1995), bilgisayar ağlarının kent yaşamını ve tasarım pratiğini nasıl değiştirebileceğini incelediği araştırmasında, tasarımcıların takım çalışmasına adaptasyonu konusundan etkilenmiştir. Tzonis (2000), ise tasarımda işbirliğinin tarihçesini incelemiş ve disiplinler arası iletişiminde gelişen durumları açıklamaya çalışmıştır.

Kavramsal araştırmalar genel olarak üç bölümde incelenebilir:

1) Kapsamlı bir MMÜ modeli oluşturmayı hedefleyen çalışmalar,
2) MMÜ sürecini basitleştirerek soyutlayıp bir yeni model ortaya koyan çalışmalar,
3) MMÜ sürecinin belirli bir bölümünü seçerek bir uygulama, test vb. gerçekleştiren çalışmalar.

Kapsamlı bir MMÜ modeli oluşturmayı hedefleyen araştırmalar, yapı sistemlerinin ve bileşenlerinin özelliklerini belirledikten sonra, bu özelliklere ait veri kategorileri tanımlamaktadır. Örnek vermek gerekirse, işbirlikçi tasarım öğrenme ile ilgili bir araştırmalarında Tuncer vd. (2001), İnternet ortamı için yapı bilgisi kategorileri tanımlamış ve bu tanımlamanın sonucunda bilgiyi aramak daha nitelikli bir hale gelmiştir. Böylece yapıya ait bilgiler, yalnızca geometrik tanımlamalar olmaktan kurtulup, ilişkilerin ve işlevlerin yorumlanabildiği daha kapsamlı tanımlamalar haline gelmektedir.

Diğer bir araştırma yöntemi, MMÜ sürecinin karmaşık işleyişini soyutlamak ve bu soyutlamadan açık ve anlaşılabilir diyagramlar ve tanımlamalar elde etmektir. Huang (1999), mimarlık ofislerindeki enformasyon akışını incelemiş ve endüstriyel tasarım optimizasyonunun bu akışa nasıl uygulanabileceği üzerine bir öneri getirmiştir. Pek çok durumu genelleyip kesin değerler dizisi (paradigmalar) tanımlamıştır.

Veri strüktürlerinin, standartların veya uygulamaların modelinin oluşturulabilmesi, disiplinler arası projelerin gerçekleştirilmesine olanak sağlamaktadır. Geçici dayanışmaların oluşumuna yardım eden standartlar kısa zamanda verimlilik sağlayabilmektedir. Bu duruma örnek olarak, acil sağlık timlerinin çalışma düzeni verilebilir. Birbirlerine tamamen yabancı olan doktorlar, hemşireler ve teknikerler, var olan prosedürü kullanarak verimli bir şekilde birlikte çalışabilmektedir (Cheng, 2003).

Junge vd. (1997) tarafından geliştirilen VEGA projesi, farklı disiplinlere ait verilerin değişiminin nasıl geçekleştirilebileceğine dair standartlardan bahsetmektedir. Projenin uygulamaları, bir veritabanından enformasyon alan ve veren bir etkileşimli çevirmen aracılığıyla gerçekleşmektedir. Bu tip uygulamaya yönelik araştırmalar, geniş bir çalışma ekibi ve kullanılabilir sonuçlara varmak için uzun bir araştırma zamanı gerektirmekte olup, zamanla teknolojide oluşan hızlı değişimlerin getirdiği riskleri beraberinde taşımaktadır.

2.3.2 Uygulamalı Araştırmalar

2.3.2.1 Yazılı Ortamlar, Sesli Ortamlar, Görsel Ortamlar

Büyük ölçekli kavramsal modellerin tersine, sosyal etkileşimli çalışmalar, içerik ve kasam bakımından daha seçici araştırmalardır. Bu araştırmalarda, oluşturulan prototipin sosyal ilişkileri nasıl etkileyebileceğine dair yaratılan senaryolar test edilir.

Gabriel ve Maher (2002), bireylerin etkileşimli senaryolara nasıl tepki verdiklerini karşılaştırmaya çalışmışlardır. Bu karşılaştırmayı yapabilmek için, yazılı, sesli, görsel ortamlarda enformasyon aktarımını sınayan kontrollü testler kurgulanmıştır. Wong ve Kvan (1999) ise, sesli ve yazılı ortamların bazı durumlarda görsel ortamlardan daha fazla önem kazandığını göstermiştir.

2.3.2.2 Protokol Analizi

Grup etkileşimlerini anlamak için, protokol analizi yaklaşımı kullanılmaktadır. Böylece eylem izlenmekte, incelenmekte ve sonuç olarak özetlenmektedir. Protokol analizi araştırmaları, sözlü veya grafik ifadelerin sınıflandırmasını yapar, şemalar oluşturur, bu şemaları tasarım senaryolarına uygular ve sonuçta elde edilen verileri ortaya koyar. Bu araştırmalar, bireylerin etkileşimleri için yöntemler tanımlamaktadır. Ayrıca, eylemleri sınıflayan ve grafikleştiren yeni şemalar ortaya koyarak, izlenen tasarım etkileşiminin işleyişinin anlaşılmasını sağlamaktadır (Cheng, 2003).

2.3.2.3 Grafikler ile Etkileşimli Ortamlar Oluşturmak

Bu konuda ETH CAAD grubunun çalışmaları örnek olarak verilebilir. Çeşitli grup dinamiklerinin nasıl yönetilebileceği ve otomatik olarak grafikleştirebileceği üzerine çalışmaktadırlar. Örneğin, PhaseX adı verilen projede, öğretmenlerden oluşan bir grup, etkileşimli Internet sayfaları oluşturmakta ve öğrenciler birbirlerinin projelerini bu sayfalardan izleyebilmektedir. Öğrencilere Internet aracılığıyla paylaşılabilecek geometrik modeller tasarlama görevi verilmiştir. Bu görevi yerine getirirken farklı yazılımlar kullanmak öğrencilere bırakılmıştır. PhaseX'in Internet üzerinden çalışan arayüzü, öğrencilere birbirlerinin projesini görme ve kaydetme olanağı vermektedir (Cheng, 2003).

Benzer bir çalışma, Yamaguchi'nin sanal tasarım stüdyosu etkileşimleri için ortaya koyduğu alternatiftir. Kumamoto Üniversitesi, Kyoto Üniversitesi ve MIT arasında işbirliğine dayalı bir tasarım stüdyosu gerçekleştirilmiştir. Burada etkileşimler, zaman odaklı kartlar aracılığıyla gösterilmektedir. Stüdyoya üç farklı katılımcı dâhil olabilmekte ve her bir katılımcının konumu işbirliğinin derecesine göre belirlenmektedir (Lee vd., 1998).

2.3.2.4 Videolar ile Etkileşimli Ortamlar Oluşturmak

Videolar ile etkileşimli ortamlar oluşturan projeler, insan davranışları ve sözsüz iletişimin öneminden ortaya çıkmıştır. Spontane bir şekilde oluşan ifadeleri ve hareketleri kayıt eden videolar, tasarım önerileri oluştururken motivasyon sağlamaktadır. "The Stanford Center for Integrated Facility Engineering" (CIFE) laboratuarında, üç projeksiyon ekranından oluşan ve algılayıcılar ile bilgisayar kullanırken oluşan davranışları izleyen bir duvar tasarlanmıştır. Sanal ve gerçek dünya arasındaki sınırda bulunan artistik video denemeleri de, video ile gerçekleştirilen etkileşimli ortamlara örnek olarak verilebilir (Cheng, 2003).

2.3.2.5 Gruplar ile İlgili Durum Çalışmaları

Mimarlık eğitiminde işbirliği ile ilgili çalışmalar ve teknolojik gelişmeler ile eğitim ilişkisini irdeleyen çalışmalardır.

İlk sanal tasarım stüdyosu deneyiminden bu yana, okullar teknolojiyi test etmek ve pedagojik etkileşimleri gözlemlemek amacıyla Internet'i kullanmaktadır. Pek çok okul, birbirleriyle uzaktan erişimli projeler gerçekleştirmekte, uzmanlar bu projelere video konferans aracılığıyla uzaktan kritik vermektedir. Akademik işbirliği projelerine örnek olarak Dave ve Danahy (2000) ve Craig ve Zimring (2000) tarafından yürütülen çalışmalar örnek olarak verilebilir. Bu tip eğitim projelerinin avantajı, gerçek hayatta oluşmasının mümkün olmadığı durumları denemektir.

Mimarlıkta işbirliği, profesyonel ofislerde gerçekleştirilen etnografik çalışmaların sonuçlarından yararlanmaktadır. Ofislerde yapılan bu gözlemler, aydınlatıcı sonuçlar sağlayabilmektedir. Örneğin, Espinoza vd. (2000), takım elemanları arasında daha fazla sayıda uzmanın yer almasının, işbirliği açısından daha zayıf kararların alınmasına yol açabileceğini göstermiştir. Çünkü ilgili enformasyon üzerinde görüş birliğine varabilen takım elemanı sayısı sınırlı olacaktır.

Akademik ve profesyonel ortamlar arasındaki ortaklık durumu, profesyonel kavramsal fikirlerin öğrencilerin katılımıyla pratik edilmesine olanak sağladığından ayrıca önem taşımaktadır.

2.3.3 Yeni Arayüzler

2.3.3.1 3B Sanal Ortamlar

Yeni arayüzler, bireylerin birbirleriyle iletişim kurma yollarını arttırdığı için işbirliği açısından önemlidir. Bu konuda geliştirilen araştırmalar, konvansiyonel iletişim yöntemlerini kullanmak yerine, yeni iletişim yöntemlerini kullanan metaforlar keşfetmeyi hedeflemektedir. Örneğin, ilk çevrimiçi yapı projeleri, yeni bir çeşit tasarım yapma yöntemi ortaya koymuştur. Fuchs ve Martinico (1996), tasarımcıların yeni bir kent peyzajı tasarlarken bulundukları konumdan çevrimiçi olarak 3B BDT ortamında yapılar eklemesine izin veren prosedürler ve standartlar tasarlamıştır.

Lee ve Iki (2001), yeldeğirmenlerine ait animasyonların etkileşimli olarak seyredilmesine ve değiştirilmesine izin veren özelleşmiş bir arayüz tasarlamışlardır. Kullanıcılar, farklı rüzgâr tipleri ve farklı yeldeğirmeni çeşitlerini kentsel tasarım olanaklarına göre benzetim yaparak değerlendirebilmektedir. Benzer bir çalışmada Fukuda vd. (2001), kullanıcıların aydınlatma benzetimi (simulation) yapmalarına izin veren bir arayüz geliştirmiştir.

Gu ve Maher sanal ortamların kullanıcıların ilgi alanlarına nasıl adapte edileceğini incelemişlerdir. Önerdikleri ortam, kullanıcıların davranışlarını ilişki kurdukları alana yansıtmalarına izin vermektedir. Örneğin, bir müzeyi ziyaret ederken, kullanıcılar sergiyi gerçekleştiren sanatçı ile işbirliği yaparak kendi sanal müzelerini oluşturabilmektedirler.

2.3.3.2 Eskiz ve Davranış İnceleme

DMG (Design Machine Group) 3B modellerin daha doğal olarak nasıl kullanılabileceği üzerine araştırmalar yapan bir gruptur. Tasarımcının temel hareketlerini izleyerek, biçim tasarlarken tasarımcının çizdiği eskizlerin oluşturduğu dizileri incelemişlerdir. DMG grubu, CAAD Futures 2001 konferansında, "Space Pen" adını verdikleri 2B işaretleme (markup) modelini ve "VR Sketchpad" adını verdikleri eskiz tabanlı VRML modelini sunmuşlardır. (Do, 2001).

2.3.3.3 Fiziksel Arayüzler

Ishii, "Clearboard" adlı çalışmasından başlayarak günümüze işbirliği üzerine çalışmalarına devam etmektedir. MIT Medya Laboratuarı'nda gerçekleştirdiği araştırmalarında, elektronik olarak zenginleştirilmiş nesnelerin, bilgi paylaşımı için nasıl depo ve iletişim aracı olabileceğini incelemektedir. Örneğin, bir kentsel tasarım projesinde, ahşap bina kütle modelleri, alıcılar aracılığıyla güneş, gölge ve yansımalar dikkate alınarak hareket ettirilmekte böylece farklı günışığı ve yüzey malzemesi koşullarında ışık ve gölge etkileri hesaplanabilmektedir (Cheng, 2003).

2.4 Çevrimiçi İşbirliği ve Proje Yönetimi

MMÜ, günümüzde dünyanın en büyük sanayi sektörlerinden birini oluşturmaktadır. MMÜ sektöründe, bir tasarımı ve inşaatı tamamlamak için gerekli bilgi, pek çok farklı disiplinlerden profesyonellerden elde edilerek birleştirilmektedir. Bundan dolayı, farklı uzmanlar tarafından alınan kararlar ve gerçekleştirilen aktiviteler birbirine bağımlılık göstermektedir.

MMÜ sektöründe verimli bir işbirliği gerçekleştirmek, oluşan pek çok problemi ortadan kaldırabilir. İşbirliği, "bir projeye ait geniş kapsamlı amaçları bir bütün olarak gerçekleştirmek için, uzmanların bilgilerini bir araya getirmeleri" olarak tanımlanmaktadır (Hobbs, 1996).

Güncel MMÜ uygulamalarına sosyal, profesyonel ve yasal düzenlemeler açısından bakıldığında, verimli bir işbirliğine ulaşmanın zor bir süreç olduğunu söylemek mümkündür. Berger ve Luckmann'ın belirttiği gibi, profesyonellik yalnızca bilgiler, uygulamalar ve olayların bir bütünü değil, değer yargılarını içeren bir dünya görüşüdür. Dolayısıyla, bir ürünün ya da sürecin kalitesi, içinde bulunduğu sosyal gerçeklik incelenerek anlaşılabilir. Bu gerçeklik veya dünya görüşü, her bir uzmanlık alanı için birbirinden farklıdır. Bu dünya görüşü, profesyonel eğitim ve uygulama aracılığıyla gelişmektedir (Kalay, 1998).

Bir yapım projesinde çalışan her bir katılımcının kendi dünya görüşünün olduğu düşünülürse, bu katılımcılar arasında anlaşmazlıkların doğması kaçınılmazdır. Pek çok durumda, bir profesyonelin çok önemli olduğunu düşündüğü bir konu, diğerleri için fazla bir anlam taşımaz. Bazı durumlarda ise, bir profesyonelin çok önemli olduğunu düşündüğü bir konu, diğerlerinin dünya görüşünde ufak bir yer dahi teşkil etmez. Dolayısıyla, bir uzmanın dünya görüşüne uygun hareket etmek, genel anlamda diğerinin dünya görüşünden ödün vermek anlamına gelebilmektedir (Kalay, 1998).

Mimarlık, mühendislik ve üretim endüstrisi (MMÜ), değişik disiplinlere ait grupların birlikte çalışmasıyla başarıya ulaşılabilen bir proje ortamı aracılığıyla işlemektedir. Bu grupların üyelerinin farklı eğitim altyapıları ve farklı hedefleri bulunur. Bir uygulama projesinin başarısı, doğru bir şekilde, verimli ve zamanında yapılan iletişim ve grup üyelerinin arasındaki başarılı enformasyon değişimine bağlıdır. MMÜ, günümüzde ağırlıklı olarak Çevrimiçi İşbirliği ve Proje Yönetimi (ÇİPY) (Online Collaboration and Project Management - OCPM) teknolojisinden yararlanmaktadır.

Bilgi, bağlamsal, amaca uygun ve üzerinde tartışılabilir bir enformasyondur (Sun ve Howard, 2004). ÇİPY teknolojileri, bilginin yaratımı, yakalanması, depolanması, iletimi ve yeniden kullanımı için bir sistem sunar.

2.4.1 Çevrimiçi İşbirliği ve Proje Yönetimi Teknolojisinin Kullanımı

Çevrimiçi işbirliği ve proje yönetimi teknolojisi çok çeşitli alanlarda kullanılabilir. En çok kullanılan ÇİPY çözümleri şunlardır (Becerik, Pollalis, 2006):

- Belge yönetimi,
- Maliyet yönetimi,
- Bütçe düzenlemesi,
- Sözleşmeler,
- Satın alınan siparişler,
- Faturalar,
- Maliyet etkinlikleri,
- Çizimler ve detaylar,
- Teslimatlar,
- Günlük raporlar,
- Belge ve çizim kayıtları.

Belgelerin büyük bir çoğunluğu, imza veya mühür gerektiren belgeler olmadığı sürece, elektronik olarak oluşturulur ve yollanır.

Geleneksel çalışma yöntemi ise aşağıdaki durumların ortaya çıkması karşısında uygulanır (Becerik, Pollalis, 2006):

1) Yapım alanına veya çalışma gruplarına bağlanılamaması,
2) ÇİPY için belge boyutunun çok büyük olması veya belgenin taranması, çıktısının alınması ve dijital olarak gözden geçirilmesinin zor olduğu durumların ortaya çıkması,
3) Teslim alınacak olan fiziksel bir obje olması,
4) Çalışma grubunun bir yedek kayıt almak istemesi.

ÇİPY teknolojisinin kullanıldığı alanlar da şunlardır (Björk, 2003):

1) Bir bilgi yönetim aracı olarak: İş bilgisi ve stratejilerini, proje enformasyonunu, danışmanlar, tedarikçiler, yükleniciler ve projelerden elde edilen deneyimleri anlamak ve uygun bir şekilde aktarmak,
2) Bir iş geliştirme aracı olarak: Müşterilerle uzun soluklu ilişkiler devam ettirmek amacıyla ÇİPY çözümlerini organizasyonun bir parçası yapmak, yatırımcının pazarlık etme gücünü ve piyasaya ulaşılabilirliği arttırmak,

3) Bir tahmin aracı olarak: Kurumlar tarafından kullanılan enformasyonu rapor etmek. Bütçe ve yükümlülükler, hesaplanan maliyet ve öngörülen bütçeyi karşılaştırmak için belirlenir. Böylece, yöneticiler her bir proje için hangi fonların müsait olduğu ve herhangi bir proje ile ilgili olarak ne kadar harcandığı konusunda ipuçları edinirler.

2.4.2 Çevrimiçi İşbirliği ve Proje Yönetimi Teknolojisinin Projelerde Kullanımı

Bir sistemde pek çok projeyi inceleyebilmek, işverenin kontrol etme aktivitesini olumlu yönde arttırır. Projelere hızlıca bakıp karşılaştırma yapabilir, herhangi bir olumsuz durumu ortaya çıkmadan önleyebilir. Bu işverene yapım yönetimi maliyetlerinde indirim yapma avantajını kazandırır (Marsh, Flanagan 2000).

Çeşitli projeleri tek bir sistemde görebilmek veya inceleyebilmek, projelerin üzerinde çalışmayı ve değişiklik yapmayı kolaylaştırır. Yatırımcı, projelerde gelişen yeni durumlara daha kolay hâkim olur, istenmeyen durumlar ortaya çıkmadan önlenebilir. Tek bir sistem üzerinde çalışma, yatırımcılara maliyet konusuna daha fazla hâkim olma ve çözümleri özelleştirme avantajı verir (Marsh, Flanagan 2000).

Tasarım sürecinde, pek çok katılımcı işbirliği içindedir. Her ne kadar bu katılımcılar tasarım yazılımlarını kullanmada oldukça ileri düzeyde olsalar da, ancak üretimi ve işbirliğini arttırıcı araçları kullanmakla ilgilenmektedirler. Pek çok katılımcı bağımsız bir şekilde çalışamaz; birinin çalışması diğeriyle bağlantılıdır. Yapım alanında/sahada, enformasyonunun tek elde toplanması ve enformasyonun yayılımının kontrolü, şeffaf bir işbirliği ve işlerin yürümesi için gereklidir. Yapım süreci boyunca, iletişimin kayıt altına alınması, herhangi bir sorun ile karşılaşıldığında, sorunun çözümüne yardımcı olabilir (Achten, 2002).

2.4.3 Çevrimiçi İşbirliği ve Proje Yönetimi Teknolojisinin Yararları

ÇİPY teknolojisinin yararları, özellikle yapım sektöründe önem kazanmaktadır. ÇİPY teknolojilerinin sağladığı yararlar sayesinde, yatırım maliyetleri düşmekte ve iş performansı artmaktadır. İş stratejisi, çalışma programı, üretim aşaması ÇİPY teknolojisinin yarar getirdiği diğer konulardır. ÇİPY teknolojisinin yararları genel olarak üç başlık altında incelenmektedir (

Çizelge 2.2):

1) Soyut yararlar,
2) Yarı somut yararlar,
3) Somut yararlar (Becerik ve Pollalis 2006).

Çizelge 2.2 Çevrimiçi İşbirliği ve Proje Yönetimi Teknolojisinin Yararları (Becerik ve Pollalis

		Proje Düzeyi Yararları	**Organizasyonel Düzeyde Yararlar**
Soyut Yararlar	**Yeni Kazanç ve Değerler**	Detaya geri başvurabilme özelliği Uluslar arası bağlantılara ulaşabilme Daha iyi enformasyon kontrolü Daha iyi kazanç tahmini ve kontrolü	Firma imajında gelişme Piyasaya ulaşımda artış Müşteri ilişkilerinde gelişme Nakit akışında artış Rekabet avantajı Hasar azaltma ve yönetimi Tahmin etme Bilgi yönetimi
Yarı Soyut Yararlar	**Artan Kazanç ve Değerler**	İş akışında geri dönüşlerde azalma Girdi kalitesinde artış Daha iyi iletişim, daha az enformasyon tıkanıklığı Gelişmiş bütünleşme ve otomasyon süreci Takım üyeleri arasında fikir paylaşımında artış Tasarım ve uygulama kararlarının verilmesinde artış	Detaya ulaşımda artış Enformasyon yönetiminde gelişme Daha hızlı raporlama ve geri besleme Geçerli ve doğru kararlar verebilmek için kesin bilgi Süreç otomasyonunda gelişme Daha iyi proje ve program kontrolü Daha az enformasyon tıkanıklığı
	Azalan Maliyetler	Hatalarda ve eksikliklerde azalma Risk azaltma Malzeme alımında azalan maliyet	Hata yapmada azalma Daha iyi risk yönetimi
Somut Yararlar	**Yeni Kazanç ve Değerler**	Proje tesliminde gelişme	
	Azalan Maliyetler	Eleman gereksiniminde azalma Kayıtlarda azalma Bilgi isteklerinde azalma Depolama gereksiniminde azalma Keşif maliyetlerinde azalma	Bilgi isteklerinde azalma Eleman ve malzeme yönetiminde azalma İletişim maliyetlerinde azalma Servis elemanı ihtiyacında azalma Keşif maliyetlerinde azalma

2.4.3.1 Somut Yararlar

Somut yararlar, finansal açıdan ölçülebilir yararlardır. ÇİPY teknolojisi yatırımları, genel anlamda somut yararlar elde etmek için yapılan yatırımlardır (Irani, 2002).

ÇİPY'nin somut yararları şöyle sıralanabilir (Becerik ve Pollalis 2006):

1) Elektronik Bilgi İsteği (Electronic Requests for Information - e-RFIs): Bilgi istekleri, yapım sürecinde üretilen pek çok belgeden birisidir. Yüklenici, alt yüklenici ve tedarikçiler arasında uygulama projeleri, çalışma belgeleri vb. bir konuda meydana gelen karışıkları, anlaşmazlıkları tartışmak ve çözmek amacıyla oluşturulur,
2) Elektronik Satın alma (Electronic Bidding),
3) Elektronik Belge Transferi (Electronic Document Transfer): Belge, çizim ve özellik transferinde kolaylık, ÇİPY'nin en önemli yararları arasındadır.

2.4.3.2 Yarı-Somut Yararlar

Yarı somut yararlar, finansal anlamda olmayan fakat ölçülebilir yararlardır (Becerik ve Pollalis 2006).

ÇİPY'nin yarı somut yararları şu şekilde sıralanabilir:

- Gelişmiş veri/enformasyon/belge kullanılabilirliği,
- Gelişmiş enformasyon yönetimi,
- Hızlı raporlama ve geri besleme,
- Doğru ve güvenilir karar verme,
- Gelişmiş otomasyon ve standardizasyon süreci,
- Gelişmiş sürüm kontrolü,
- Daha iyi proje/program izleme ve kontrol.

2.4.3.3 Somut Olamayan Yararlar

Somut olamayan yararlar, kısa vadede ölçülemeyen yararlar olmakla birlikte, uzun vadede yatırımcılar için en önemli yararlardır (Becerik ve Pollalis, 2006):

- Süreç ve işakışı motoru,
- Tedarik zincirleri ile bütünleşme,
- Rekabet avantajı,
- İş gelişimi,
- İş tahmini,
- Risk yönetimi, hasar yönetimi,
- Performans ölçme, özendirme.

2.4.4 Çevrimiçi İşbirliği ve Proje Yönetimi Teknolojisinin Kullanıcıları

ÇİPY teknolojilerinin başlıca yatırımcıları, büyük ve orta ölçekli genel yüklenicilerdir. Uzun zamanlı işletme sahipleri, iş alanı inşaat olmayan, ancak yapılarının bakımına ve korunmasına ihtiyacı olan kişilerdir.

Uzun zamanlı işletme sahipleri için, yapılarının zamanında, ayrılan bütçeye uygun ve en üst kalitede üretilmesi önemlidir. Bazı iş kolları için, projeyi planlanan zamandan önce tamamlamak oldukça olumludur, çünkü her çalışma günü organizasyonda harcama yapılması demektir. Ayrıca, bu tip yatırımcılar tasarım ve yapım evrelerinde üretilen enformasyonun kullanımı gibi konularla detaylı olarak ilgilenmektedirler (van Grembergen, 2001).

İşveren, genel yüklenici, proje müdürü, mimar ve mühendisler ÇİPY teknolojisinin en aktif kullanıcıları arasındadır. Ayrıca, genel yüklenici ve proje müdürü, işveren tarafından ÇİPY teknolojilerinin kullanımı konusunda yönlendirilir.

Alt yükleniciler, ÇİPY teknolojisinin yaygın kullanıcıları arasında olmayıp, özellikle maliyet ve güvenlik nedenlerinden dolayı, ÇİPY çözümlerine ancak limitli olarak ulaşabilirler.

2.4.5 Çevrimiçi İşbirliği ve Proje Yönetimi Teknolojisinin Seçim Kriterleri

Seçilen çalışma sisteminin ve iş organizasyonun genel iş stratejisi ile yakından ilişkili olması gerekmektedir. Uygun ÇİPY'nin seçimi proje müdürü veya organizasyonun teknoloji bölümü tarafından gerçekleştirilir. Seçim ölçütleri şöyle sıralanabilir (Becerik, Pollalis 2006):

- Esneklik ve kullanılabilirlik,
- Kullanım ve öğrenme kolaylığı,
- Belge ve süreç yönetimi özellikleri,
- E- posta bilgilendirmesi,
- Farklı güvenlik düzeyleri, denetim, özelleşme düzeyleri, dış arşivleri tarama yeteneği,
- Sorumluluk, sistem uyumu, eğitim sağlama vb.,
- Satın alma, operasyon ve bakım maliyetleri.

2.4.6 Çevrimiçi İşbirliği ve Proje Yönetimi Teknolojisinin Gerekliliği

Üretim projelerinin uygulanması, işveren, genel yüklenici, alt yükleniciler, mimarlar, mühendisler, danışmanlar ve tedarikçilerin birlikte çalışmasını gerektirir. ÇİPY teknolojilerine yatırım yapmanın en temel sebebi, tüm proje grubu içinde şeffaf ve devamlı iletişimin kurulmasını kolaylaştırmasıdır. Bir diğer sebep, üretim işakışını kolaylaştırmak ve yapım belgelerini paylaşmaktır.

Grup iletişimini ve yapım sürecini kolaylaştırmanın yanı sıra, ÇİPY organizasyonları şunları hedefler (Becerik ve Pollalis, 2006):

1) Genel ve özel politikalar oluşturmak

- Proje uygulamasında tüm katılımcıların verilerini birleştirmek ve proje katılımcıları arasında takım çalışmasını teşvik etmek,

2) Enformasyon ulaşımına ve kontrolüne izin vermek:

- Enformasyonun görünebilirliğini arttırmak: Bu şekilde enformasyon üzerinde tamamen bir denetim sağlanabildiği gibi, verilerin kaybolma riski ve kimin nerede ne yaptığını bilmeme riski ortadan kalkmış olur,

3) Proje kontrolünü ve yönetimini geliştirmek:

- İnşaat alanında gerçekleşen her türlü aktivitenin kaydedilmesi, ana ofisten inşaat alanına aktarılan her projenin kontrolü.

4) Rekabet avantajı kazanmak:

- İşverene daha iyi servis sağlamak ve sağlam ilişkiler kurarak piyasa payını attırmak,

5) Verimliliği arttırmak:

- İşbirliğini, enformasyon akışını arttırmak.

2.4.7 Çevrimiçi İşbirliği ve Proje Yönetimi Teknolojisinin Geleceği

Bu alanda gelişen pek çok uygulama sahası bulunmaktadır (van Grembergen, 2001):

1) Uygulama entegrasyonu:

- ÇİPY çözümlerinin finansal yönetim, sözleşme yönetimi, hizmet yönetimi, değer yönetimi, içerik yönetimi gibi pek çok alan ile bütünleşmesidir. Kullanılan yazılım, tüm bilgiyi tek bir veritabanı altında toplayabilir ve böylece herhangidir yanlış yapma veya yeniden aynı bilgiyi girmeye çalışma engellenir,

2) Optimizasyon:

- Bir proje ile ilgili tüm resmi iletişimin ÇİPY çözümü aracılığıyla oluşturulması,

3) Değerlendirme ve kalite testi:

- Gelecekteki projeler ve bu projelerin performans değerlendirme ve kalite testinin ÇİPY çözümü aracılığıyla gerçekleştirilmesi,

4) Değişikliklerin ve kültürel zorlukların üstesinden gelmek:

- Çalışanların sürekli olarak eğitimi ve kullanılan sistemi geliştirmek, zorlukların yaşanmasını önleyici düzenlemeler yapmak ve sağlam bir iletişim noktası sağlamak,

5) Bilgi yönetimi:

- Geçmiş projelerdeki bilgileri yeniden gözden geçirmek,
- ÇİPY çözümünü ulaşılabilir bir referans kütüphanesi olarak kullanmak ve proje tamamlandığında, tasarım ve yapım aşamasında üretilen faydalı bilgilerin kaybını önlemek,

6) ÇİPY çözümünden diğer uygulamalara enformasyon aktarımı:

- Örneğin, projenin uygulanması ve yönetimi sırasında üretilen enformasyonun kullanımı, hizmet yönetimine referans olarak enformasyonun kullanımı, elektronik veri ve elektronik ulaşıma sahip olmak,

7) İletişim spesifikasyonları geliştirmek:

- Bir projede nasıl iletişim kurulacağına yardım etmek, hangi modüllerin nasıl kullanılacağını belirlemek için tüm katılımcılar tarafından belgeleme yapılması,

8) Yapım sahasına taşınabilirlik kazandırma:

- Yapım sahasında ÇİPY çözümü ile bağlantılı taşınabilir makinelere sahip olmak.

2.5 Yapı Üretim Aşamasında Kullanılan İşbirliği Yazılımları

2.5.1 Constructware

Constructware*, Autodesk firması tarafından üretilen bir proje yönetimi yazılımıdır (7).

Constructware'in genel özellikleri şu şekilde sıralanabilir:

1) Proje ve firma bilgileri, tek bir merkezi veritabanında depolanabilmektedir.
2) İşakışı sürecinde, tüm belgelere kolaylıkla ulaşılabilmektedir. Tüm belgeler, tek bir veritabanında toplandığından, hatalı veya tekrarlanmış bilgilerin olması durumu söz konusu değildir,
3) Tüm raporlar otomatik olarak oluşturulmakta, yapılan her türlü değişiklik merkezi veri tabanı tarafından kontrol edilmektedir,
4) İki aşamalı bir güvenlik sistemi vardır. Projelere ve kullanıcı modüllerine ulaşım ayrı ayrı kontrol edilmektedir,
5) Her türlü sistemle veri değişimi yapılabilmesi mümkündür.

2.5.2 eBuilder Collaborator

E-Builder Collaborator†, uygulama projelerinde kullanılabilecek bir belge yönetimi ve işbirliği sistemidir (8). Proje üzerinde gerçek zamanlı olarak çalışma olanağı sunar. Bu tür çalışma süreci, projenin ilerlemesini hızlandırdığı gibi riskleri de azaltmaktadır.

Collaborator, iş süreci ile ilgili özel elektronik dosya biçimleri oluşturabilmektedir. Özel bilgileri içeren bu dosya biçimleri paylaşıma açıktır. Ayrıca bu dosya biçimlerinden bazıları otomatik olarak üretilebilmektedir. Collaborator'ün başlıca olanakları şunlardır:

1) Belge Yönetimi, Transferi, İşaretleme Olanakları
   - Her türlü çizim, proje bilgisi vb. kolayca proje grupları arasında paylaşılabilmekte, gözden geçirilebilmekte, arşivlenebilmektedir. 250'den fazla dosya tipi, Adobe PDF formatına dönüştürülebilmektedir. Proje gruplarının çalışanlarının, kaynak dosyayı değiştirmeksizin dosyalar üzerinde her türlü yorum, çizim vb. yapması mümkündür.
2) Belge Arşivleme, Dosya Depolama
   - Elektronik arşivleme işi otomatik olarak gerçekleştirilebilmektedir. Arşivlenen dosyalar arasında belirlenen ölçütlere göre arama yapmak mümkündür.
   - Limitsiz depolama imkanı ile, çok sayıda proje üzerinde aynı anda çalışabilmektedir.
3) Kullanıcı hakları
   - Kullanıcı dostu, basit arayüz her bir proje grubu üyesinin kendi çalışma konusunu ilgilendiren bilgileri görmesine izin vermektedir. Sistem yöneticisi, her bir proje grubu üyesine bilgilere ulaşmak için gerekli erişim hakkını vermektedir.

---

* Bilgiler (7) nolu Internet kaynağından alınmıştır.

† Bilgiler (8) nolu Internet kaynağından alınmıştır.

Collaborator'ün diğer özellikleri ise şu şekilde sıralanabilir:

1) Internet tabanlı bir sisteme sahiptir. Masaüstü yazılımına gerek yoktur,
2) Yönetimsel kontrol vardır,
3) Gelişmiş güvenlik özellikleri mevcuttur. Sistemdeki bilgilere ulaşabilme ve müdahale edebilmek için öncelikle kullanıcı izinlerinin verilmesi gereklidir. Kimin hangi dosyaya ulaşabileceğini tanımlamak mümkündür,
4) Belge kontrolü ve bilgilendirme özelliğine sahiptir. Önemli belgeler ve yapılması gerekenlerle ilgili e-posta bilgilendirmesi yapmak, belgelerin güncel ve daha eski sürümlerine ulaşım sağlamak mümkündür,
5) Internet üzerinden işbirliği yapılabilir. Gerçek zamanlı olarak her türlü konumdan proje grupları arasında bağlantı kurulabilir.

Özellikleri analiz edildiğinde, işbirliği çalışmalarına Collaborator'ün getirdiği bazı avantajlar sunmaktadır:

- Tasarımın yeniden değerlendirilmesi ve yapım sürecini kısaltma,
- Yeniden değerlendirme sürecinde bilgi akışını hızlandırma,
- Bilgiyi organize etme ve tüm belgelere kolaylıkla ulaşım sağlama,
- Bilgiyi düzenlemek için gerekli maliyetin azalması,
- İletişim sürecini standartlaştırma,
- Veri ulaşımının hızlanması,
- Internet tabanlı çözümler ile yazılım/donanım kurulumuna ihtiyaç duyulmaması.

2.5.3 Meridian ProjectTalk

Project Talk, işbirliğine elverişli bir proje yönetimi programıdır (9)*. MMÜ çalışanları tarafından kullanılan bir sanal ortam üzerinden çalışma grupları arasında işbirliğine izin veren bir uygulamadır.

Project Talk, tasarım ve üretim süreçleri arasındaki ilişkinin kurulmasına yardımcı olur. Şekil 2.1'deki örnekte, birçok projeyi yürüten bir tasarım firması ile birden fazla katılımcının katkısı ile gerçekleştirilen bir projedeki ilişkiler irdelenmiştir.

Sistemin kullanılabilmesi için bir üyelik sistemi geliştirilmiştir. Uygulamanın bu özelliği, çalışılan projenin her türlü kontrolünün gerçekleştirilebilmesine ve kontrol sürecinin gelişiminin takip edilebilmesine yardımcı olmaktadır.

---

* Bilgiler (9) nolu Internet kaynağından alınmıştır.

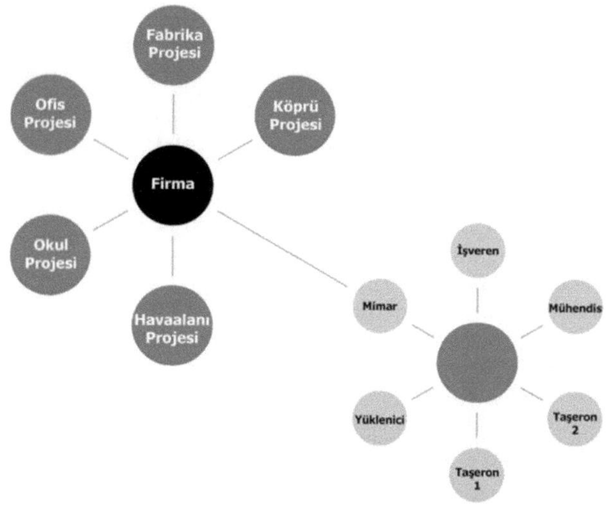

Şekil 2.1 Project Talk ve İşbirliği Sistemi (9).

Proje yönetimi üyeliğinin özellikleri şunlardır:

1) Satın alma kontrolü:

- Alınan malzemelerin özellikleri, sertifikası ve satın alma işlemi sırasında gerçekleşen görüşmeleri kapsayan detaylı bilgilerin saklanması,
- Alım yapılan malzemelerin belgelenmesinde ve sözleşmelerde aynı bilginin birçok defa kayıt altına alınmasının azaltılması,
- Tüm fiyat tekliflerinin analizinin yapılmasına yardımcı bir matris kullanılabilmesi,
- Tüm fiyat tekliflerini takip edilerek satın almada verimliliğin arttırılması,
- Alınan malzemelerin fiyat analizinin yapılabilmesi için gruplandırılabilmesi.

2) Maliyet kontrolü:

- Revizyon ve faturalama işlemleri,
- Bütçe, taahhüt, harcama ve birikimlerin yönetilebilmesi,
- Yapılan değişikliklerin kaydının yapılarak bütçenin güncel tutulması,
- Her bir kalem işlem için yapılacak harcamanın belirlenmesine yardımcı raporlar oluşturulması,
- Proje bütçesinin otomatik olarak güncellenmesi.

3) Belge yönetimi:

- Görüşme ve toplantıların kayıt edilmesi,
- İzlenmeyi gerektiren kritik belgeler için uyarı yapılması,
- Özel durumlar ile ilgili her türlü bilginin kayıt edilmesi,
- Toplantı belgelerinin daha çabuk paylaştırılabilmesi olanağı ile daha hızlı bilgi güncellenmesi,
- Proje takviminde olabilecek değişikliklerin azaltılması,
- Yanıt bekleyen belgelere daha hızlı cevap verilebilmesi,

- Gönderilen belgelerin takip edilmesi.

4) Alan yönetimi

- Günlük işlerin kontrolü, işçilerin kontrolü, donanım kullanımının kontrolü, ziyaretçilerin kaydedilmesi gibi günlük inşaat alanı aktivitelerinin yönetimi,
- Projeyi daha çabuk tamamlayabilmek için öncelikle ucuza mal edilecek aşamaların belirlenmesi,
- Personelin çalışma saatlerinin takip edilmesi,
- Her proje ile ilgili genel bilgilerin kaydedilmesi,
- İnşaat bölgesindeki hava durumunun kaydedilmesi,
- Üretim alanlarının takip edilmesi,
- Bürokrasi ile ilgili olarak risk oluşturan değişikliklerin azaltılması,
- Gerekli tespitlerin uygun olarak yapılıp yapılamadığının belirlenmesi,
- Her türlü dökümlerin ve iletinin belgelenmesi,
- Kalite kontrolü için ayrılan zamanın artması,
- Oluşabilecek iş kazalarının güvenlik yönetimi aracılığı ile azaltılması,

5) Raporlar ve sorgular

- Raporlama ve sorgu oluşturma,
- Rapor yöneticisi ve sorgu yöneticisi, raporları ve sorguları oluşturmak ve özelleştirmek için kullanılır,
- Kullanıma hazır 400'ün üzerinde standart rapor içerir,
- Kullanıma hazır 40'ın üzerinde standart sorgulama içerir,
- Yeni rapor ve sorgular oluşturulabilir,
- Raporlar ve sorgular uygun gruplar halinde organize edilebilir,
- Raporlara uygun kullanıcıların şifreleriyle ulaşmalarına izin veren güvenlik önlemine sahiptir.

Meridian ProjectTalk sisteminin işbirliği yönetimi üyeliğinin özellikleri şu şekilde sıralanabilir:

1) Belge yönetimi

- Tasarım ofisi ile ilgili inşaat sahası işlerinin takibi ve saha grubu arasındaki iletişimi kurmak için kullanılır,
- BDT dosyalarının yollanabilmesi özelliği ile ofis ve saha arasındaki iletişim artar,
- Proje belgelerini özelleşmiş dosyalar halinde organize eder,
- İş akışı şemalarının ve takvimlerin yollanabilmesi özelliği ile çalışma gruplarını uyarır,
- Çalışma gruplarının iletişim bilgilerini oluşturur ve bu bilgilere kolaylıkla ulaşılmasını sağlar.

2) Takım iletişimi

- Proje grubunun üyeleri arasında toplantı bilgileri ve iş takvimleri gibi bilgilerin paylaşılmasında kullanılır,
- Internet bağlantısı olan her noktadan toplantı bilgilerine ulaşılabilir,
- Teslim alınan tüm belgeleri listeler.

3) Alan yönetimi

- Günlük iş raporları oluşturur,
- Dijital fotoğrafları, hava durumunu, inşaat sahasında günlük olayları belgeler,
- Kayıtlar için bilgi toplar,

- Günlük iş raporlarının girilmesi sırasında her ilgilinin kendi bilgilerini girmesine izin vererek zaman kullanımında verimliliği arttırır.

Meridian ProjectTalk sisteminin kullanıcılara yardımı şu şekilde özetlenebilir:

İşveren:

İşveren, yüklenicilerin performansını dikkate almaksızın tüm projenin yönetimini üzerinde etkili olmak istemektedir. Ayrıca proje grupları arasındaki işbirliğinin nasıl geliştiğini denetlemek ve projenin kontrolü üzerinde söz sahibi olmak işverenin hakkıdır. İşveren, Internet erişiminin olduğu her noktadan tüm proje bilgilerine ulaşabilmektedir. Ayrıca program aracılığıyla tüm proje grupları ile birlikte tek bir proje, rapor veya sorgulama üzerinde işbirliği yaparak çalışabilmektedir.

Mimar

Mimar, tasarladığı projenin gelişiminin ve organizasyonunun üzerinde söz sahibidir. Mimar, programın işbirliği özelliği aracılığı ile tasarım ürünü için önemli olan tüm belgelere ve verilere ulaşabilir. Ayrıca animasyon, fotoğraf gibi tüm belgelerin takibinin yanı sıra, teslimat bilgileri, gönderi bilgileri, toplantı notları vb. takip edebilir.

Mühendis

Mühendislik tasarımı, proje üzerinde eş zamanlı olarak çalışmayı gerektirir. Bu çalışma sistemi, üretim sürecinde verimli şekilde kullanılabilecek ve böylece süreci kolaylaştıracak bir işbirliği düzenine ihtiyaç gösterir. ProjectTalk, bu düzenin kurulmasına yardımcı olacak özelliklere sahiptir.

Proje yöneticisi

Proje yöneticisinin amacı, projede karşılaşılan sorunlara yaratıcı çözümler bulmak ve süreç boyunca kullanılabilecek en verimli proje yönetimi yaklaşımlarını belirlemektedir. Proje yöneticisinin görevini yerine getirmesine yardımcı organizasyon araçlarına ve işbirliği araçlarına ihtiyacı vardır. ProjcetTalk, Internet bağlantısı olan herhangi bir bilgisayar üzerinden yapının program ve projelerine ulaşma olanağı verir.

Tasarım yöneticisi

Projenin başarısı, mimarlar ve mühendisler arasında eşgüdümlü bir çalışma düzeninin kurulmasına bağlıdır. Projeyi başarılı bir şekilde tamamlamayabilmek için tüm tasarım, yapım ve organizasyon görevlerini birlikte yürütebilmek gerekmektedir. ProjectTalk, bu amaca ulaşabilmek için yardımcı olacak organizasyon ve işbirliği araçlarını tasarım yöneticisine sunmaktır.

Genel yüklenici

Genel yüklenici, hazırlanan proje ile müşterinin isteklerini birleştirebilme yetisine sahip olmalıdır. Projenin zamanında, öngörülen kalitede ve mümkün olduğunca öngörülen bütçenin altında tamamlanması için çalışmak genel yüklenicinin görevidir. ProjectTalk, bu görevlerin yerine getirilmesinde yardımcı olacak organizasyon, işbirliği ve kontrol araçlarını genel yükleniciye sunmaktadır.

Alt yükleniciler

Proje grubunun bir üyesi olarak alt yüklenicinin görevi, projede temsil ettiği endüstri alanı ile ilgili işleri yapmaktır.

2.5.4 PrimeContract

PrimeContract, yapım süreci ile ilişkili tüm bilgileri (belgeler, formlar, çizimler, takvimler, raporlar vb.) bir merkezde toplayan bir belge yönetimi programıdır (10)[*]. Yapım sürecinin tüm aşamalarında iş döngüsünü planlamada kullanılabilecek bir çevirim içi işbirliği uygulamasıdır. PrimeContract'ı kullanarak iş sürecini otomatikleştirmek mümkündür.

PrimeContract'ın genel özellikleri şu şekilde sıralanabilir:

- Özelleştirilebilir iş akışı motoru,
- Kullanımı kolay görsel arayüz,
- Özelleştirilebilir web biçimleri,
- Birleştirilmiş web tabanlı raporlama,
- Kullanıcı tabanlı e-posta,
- E-posta yoluyla raporlama,
- Organize belge depolama,
- Detaylı arama motoru.

PrimeContract, kapsamlı bir işbirliği özelliğine sahiptir. İşbirliği araçları tüm proje ekibinin, proje bilgilerine rahatlıkla ulaşarak birlikte verimli bir şekilde çalışmasına olanak sağlamaktadır. Ayrıca, kapsamlı bir belge yönetimi özelliği vardır. Proje bilgilerine ulaşmak, organize etmek, değiştirmek vb. işlemler hızlı ve doğru bir biçimde yapılabilmektedir. Bu özelliklere ek olarak, iş süreci yönetimi özelliği vardır. Projedeki iş süreçlerini otomatikleştirerek, planlanan işlerin öngörülen zamanda gerçekleştirilmesini kolaylaştırmaktadır.

---

[*] Bilgiler (10) nolu Internet kaynağından alınmıştır.

2.5.5 Citadon

Citadon programının temel özellikleri şunlardır (11):*

Belge yönetimi

Citadon, proje belgelerine ve ilgili tüm verilere hızlı bir şekilde ulaşılmasına, bu bilgilerin organizasyonuna ve yönetilmesine olanak sağlayan kapsamlı bir belge yönetimi özelliğine sahiptir.

İşbirliği

Citadon, kapsamlı bir işbirliği özelliğine sahiptir. İşbirliği araçları ve özellikleri, takım çalışmasını verimli hale getirecek şekilde tasarlanmıştır.

İş süreci yönetimi

Bu fonksiyon, projedeki iş süreçlerini otomatikleştirerek, hedeflere daha hızlı ve doğru bir şekilde ulaşılmasına yardımcı olur.

Bilgi portalları

Bilgi portalları, proje yürütücülerine ve tüm proje gruplarının üyelerine, proje ile ilgili her türlü aktiviteye ulaşma ve gözden geçirme /inceleme olanağı sunar.

Özelleştirme ve uyum

Çeşitli uygulamalar ve biçimler ile uyum özelliği, proje sürecinde kullanılacak doğru bilgilere zamanında ulaşılmasına mümkün kılar. Özelleştirme ise, ihtiyaç duyulan çalışma düzeninin oluşturulmasına izin verir.

Çevrimiçi ve gerektiği zaman kullanım

Citadon, iş sürecini ve belge yönetimini otomatikleştirmede çok gelişmiş özelliklere sahiptir. İster aynı ofis içinde ister farklı kıtalarda çalışan proje grupları arasında sadece dakikalar içerisinde proje bilgilerini paylaşarak birlikte çalışmak mümkündür.

2.6 Bir İşbirliği Ortamının Taşıması Gereken Özellikler

Bir işbirliği ortamının taşıması gereken özellikler şunlardır:

1) Çalışma Alanı: Bir katılımcının tasarım ortamını yönlendireceği alandır,

---

* Bilgiler (11) nolu Internet kaynağından alınmıştır.

2) Depolama: İlgili belgelerin, ek verilerin, katılımcıların diyaloglarının kayıtlarının saklanması gerekliliği vardır ve bütün bunlara depolama özelliği aracılığıyla ulaşılması mümkündür,
3) İletişim: Konuşma, yazı ve eskiz gibi çoklu iletişim olanakları, aynı anda birden fazla kişi ile iletişim kurulmasını sağlar. Veri iletişimi, hızlı ve kullanımı kolay olmalıdır,
4) Gelişim Aşamalarını Kaydetme: Otomatikleştirme, işbirlikçi tasarım ortamında gerçekleşen olayları sırasıyla kaydetme anlamına gelmektedir,
5) Gelişim Aşamalarını Çözümleme: Güncel süreçte, tasarım projesindeki tüm ilgili belgeleri gösteren bir araçtır. Bu araç, katılımcılara projeyi gözden geçirme ve açıklayıcı notlar ve yorumlar ekleme olanağı sağlar,
6) Çeşitli Yazılımların Beraber Çalışabilme Olanağı: Diğer tasarım yazılımlarına bağlanabilen araçlar. Böylece, katılımcılar kendi özel yazılımlarını kullanabilmektedirler,
7) Avatar Sistemi: İşbirlikçi tasarım ortamında, katılımcıları temsil eden çeşitli ifadeler bulunmaktadır.

2.7 Bir İşbirliği Ortamının Değerlendirme Ölçütleri

Bir işbirliği ortamının değerlendirme ölçütleri şunlardır:

1) Katılımcıları iletişim kurmaktan memnun kılma, tüm tasarım problemlerine çözüm üretebilme yetisini kazandırır,
2) Bir tasarımı gerçekleştirebilmek için, ilgili disiplinlerden başka katılımcıların varlığının gerekliliğinin farkında olunmasını sağlar,
3) Katılımcıların kendilerini çeşitli şekillerde ifade etmelerine izin verir,
4) Anlaşmazlıkların çözümünün bulunmasına yardımcı olur. Tasarım verilerine esnek ve kolay bir şekilde ulaşmayı sağlar,
5) İşbirlikçi tasarım için özel anlam ifade eden, bilgilerin sunumunu sağlar,
6) Katılımcıların, projenin ortak amaçlarının farkında olmasını sağlar,
7) Tasarım ortamını, gerçek anlamda bir "ortam" yapar.

2.8 Çok Katılımcılı İşbirliği

Günümüzde, tasarımda sayısal işbirliği çalışmalarına ayrılan zaman ve harcanan emek oldukça fazladır. Buna karşılık, harcanan emeklerin net bir amaca yönelik olduklarını söylemek kolay değildir. Araştırmalar, tasarım disiplinleri arasında diyalog kurmak, yeni standartlar geliştirmek ve yeni arayüzler tasarlamak üzerine yoğunlaşmalıdır.

BDT alanında yapılan pek çok araştırma diğer disiplinlerle yapılan işbirliğinin getirdiği avantajlardan yararlanmaktadır. BDT alanında, sosyal bilimciler dahi, araştırmalara önemli katkılar sağlamaktadır. Sanal ortamlar, arayüzler konusunda yapılan araştırmalar, tasarımda sayısal işbirliği araştırmalarına önemli katkılar sağlamaktadır.

Tasarımın doğası gereği sahip olduğu geniş ilgi alanı, birbirleriyle ilgili tüm tasarım eylemlerinin yeni keşifler için birbirine veri sağlamasına neden olmaktadır. Bu açıdan bakıldığında, tasarımın doğası çok katılımcılı işbirliğinin oluşumunu zaten desteklemektedir.

Çok katılımcılı işbirliği farklı dünya görüşlerinin varlığından haberdar olarak, bu görüşleri birleştirecek araçlar aracılığıyla gerçekleştirilebilir. Tasarımda çok katılımcılı işbirliği, geleneksel yöntemlerle gerçekleştirilebilir, ancak bu işbirliğini sayısal ortamda gerçekleştirmek pek çok avantajı da beraberinde getirmektedir. Özellikle MMÜ sektöründe gerçekleştirilenler gibi büyük ölçekli projeler, farklı disiplinlerin oluşturduğu çok katılımcılı işbirliğine verilebilecek önemli örnekler olup, bu projelerde geleneksel işbirliği yöntemlerini kullanarak çalışmak mümkün değildir.

2.8.1 Tasarımda Çok Katılımcılı Sayısal İşbirliği

Tasarım ofislerinde YBM kullanımının artmasıyla birlikte, sayısal ortamda işbirliği gerçekleştirme konusuna olan ilgide de hızlı bir artış olmuştur. Sayısal işbirliği konusunun gelişimine paralel tasarım enformasyonunun standardizasyonu ve sunumu konuları da gelişme göstermiştir.

Bir yapının tasarımında farklı disiplinlerden katılımcılar arasında gerçekleştirilen işbirliği, eş zamanlı ve eş zamanlı olmayan iletişim içermektedir. İşbirliği, farklı katılımcıların projedeki kendi bölümleri üzerinde kendi çalışma biçimlerini sürdürerek çalışmalarının yanı sıra, ortak amaçları olan yapının tasarımına ulaşmak için iletişim halinde olmalarını da gerektiren iki yönlü bir süreçtir.

Geleneksel olarak tasarımın ifadesi, her disiplinin elle işletilen ya da YBM ortamında hazırlanmış kendi çizimlerinden ve bu çizimlerin oluşturduğu setlerin sunumundan ibarettir. Bu setlerin her biri, ilgili disiplinin yapının tasarımı ile ilgili görüşünün ifadesidir. Bu setlerin bazıları benzer özellikler taşımakla birlikte, birbirinden farklılık gösteren ifadelerdir. Günümüzde genelde uygulandığı gibi tek bir paylaşımlı veri tabanınım kullanımı, her bir disiplinin tasarım ifadelerinin farklı sunumlarını içermediği için, çok katılımcılı işbirliğine de izin vermez.

2.8.2 Tasarımda Sanal İşbirliği Ortamları ve Çok Katılımcılı Sayısal İşbirliği ile olan İlişkisi

Günümüzde, YBM ve paylaşımlı veritabanlarına ek olarak, farklı fiziksel konumlarda yer alan tasarımcıların, gerçek zamanlı çok katılımcılı işbirliği yapmasına imkân veren sanal ortamlar mevcuttur. Böyle bir sanal ortam, farklı disiplinler tarafından ortaya konan farklı tasarım görüşlerinin iletilmesine imkân veren özellikler sağlamalıdır.

Tasarımda işbirliği ile karar alma çoğunlukla erken kavramsal tasarım aşamasında gerçekleşmektedir. Erken kavramsal tasarım aşamasında, kavramlar değişmeye ve gelişmeye daha yatkın olup, işbirliğini geliştirmek daha kolaydır.

Bir yapının tasarımında eşzamanlı iletişim için kullanılan bir sanal işbirliği ortamına örnek olarak "Active Worlds" adı verilen sanal ortam verilebilir. Bu ortam, aynı zamanda çok katılımcılı sayısal işbirliğine izin vermektedir. Bu ortamda, tasarımcılar avatarlar aracılığıyla simgelenmektedir. Tasarımcılar birbirlerinin ve ortamda inşa edilmekte olan 3B strüktürlerin varlığından haberdardırlar. Tasarımcılar, 3B nesneler ve bu nesneleri kullanarak oluşturdukları görünüşler aracılığıyla işbirliği yaparak tasarımlarını oluşturmaktadır. Aynı zamanda yazılı görüşmede gerçekleştirebilmektedirler. Bu ortamı kullanmanın en önemli avantajlarından biri, kullanıcıların ortamı deneyimleyerek tanımalarıdır*.

2.8.3 Tasarımda Çok Katılımcılı Sayısal İşbirliğine Örnek Bir Senaryo

Hem eşzamanlı hem eşzamansız çalışan mimar ve inşaat mühendisinin çalışmasını içeren basit bir senaryo Rosenman vd. (2007) tarafından geliştirilmiştir.

Bu senaryoya göre, mimar eşzamanlı veya eşzamansız çalışmasına bağlı olarak, ilk kavramsal tasarımını (modelini) kullandığı YBM ortamında oluşturur (Şekil 2.2). Mimarın modeli, her bir katında iki dairenin yer aldığı iki katlı bir binadan oluşan yapı nesnesidir. İnşaat mühendisi, mimarın modelini görüp inceledikten sonra, ilk kavramsal taşıyıcı sistem tasarımın kullandığı YBM ortamında oluşturur. Mühendisin modeli ise, üç adet döşeme ve üç adet taşıyıcı duvardan oluşan bir yapı nesnesidir (Şekil 2.3). Duvarlar ve döşemeler ile daireler ve katlar arasındaki ilişkileri göstermektedir. Buna ek olarak, bir modeldeki nesnenin diğer bir modeldeki aynı fiziksel nesne olduğunu anlatan ilişkisi de gösterilmektedir. Sonuçta bütün bu ilişkiler yapı nesnesini oluşturur (Şekil 2.4).

---

* Internet kaynağı, www.activeworlds.com

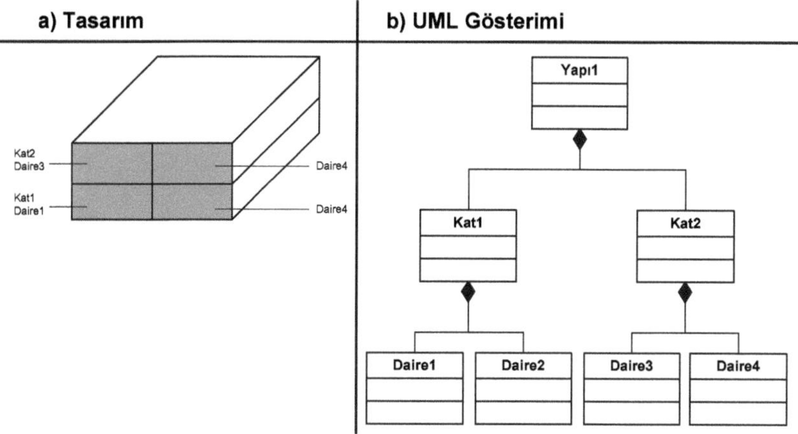

Şekil 2.2 Mimarın tasarımı

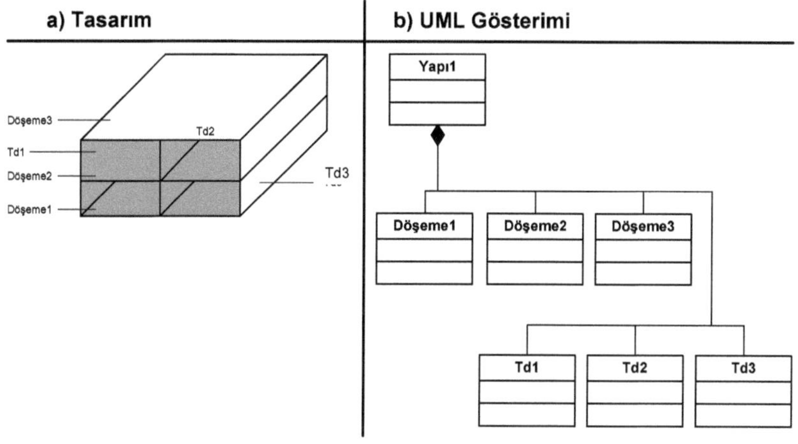

Şekil 2.3 İnşaat mühendisinin tasarımı

Mimar, Daire 3'ün genişliğini arttırmak ve daire 4'ün genişliğini azaltmak isterse, inşaat mühendisinin gerçekleştirdiği Td2 (Taşıyıcı Duvar 2) değişikliği oluşur. Bu değişiklik, inşaat mühendisinin modelinde Daire 3 ve Daire 4 ilişkilerinin yeniden gözden geçirildiği bilgi notu ile mimara iletilir. Eğer, mimar eş zamanlı olarak çalışıyorsa, inşaat mühendisinin oluşturduğu gerçek modeli inceleyerek, fikir birliğine ulaşmak için çalışmalıdır. Bunun için mimar ve mühendis arasında geleneksel ve sayısal yöntemlerle görüşmeler yapılır. Eş zamanlı çalışma yapılıyorsa, bilgi notunun mimara iletilmesiyle birlikte görüş alışverişi süreci başlatılabilir. Her türlü görüş eş zamanlı olarak tartışılıp, her türlü değişiklik aynı anda yapılabilir. Ayrıca, yapılan tüm değişiklikler ilgili tüm katılımcılara bilgi notu olarak iletilmektedir.

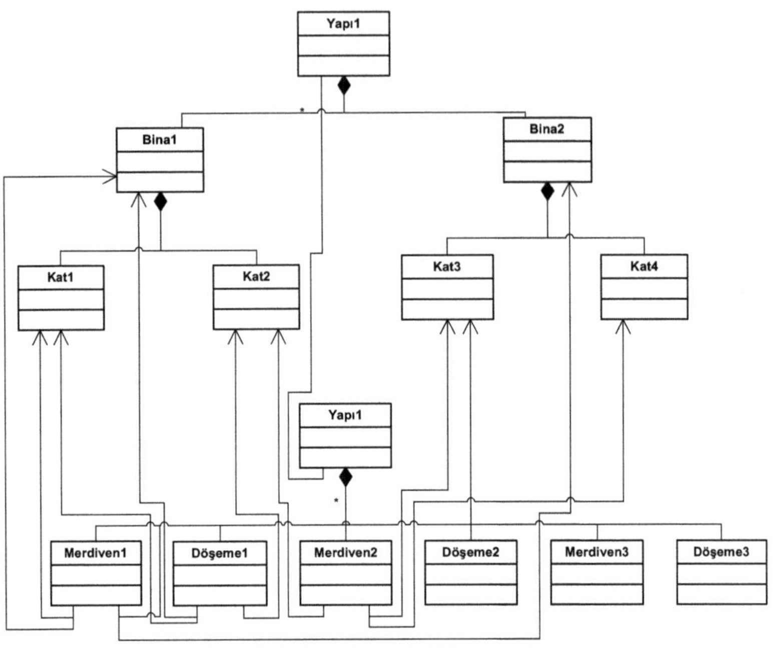

Şekil 2.4 Mimari ve inşaat projesinin karşılaştırılması

2.8.4 Tasarımda Çok Katılımcılı Sayısal İşbirliği İçin Model Oluşturma

Farklı tasarım disiplinlerinin görüşleri, bu disiplinlerin işlev alanlarının tanımında bulunur. Bir tasarım bağlamı oluştururken, bir kişinin tasarım görüşü onun sahip olduğu işlevsel fikirler ile bağlantılı olarak ortaya çıkmaktadır. Bu nedenden dolayı bir yapı, mekânlar seti, heykelsi biçim, barınak alanı, fiziksel elemanlar bütünü vb. sonsuz sayıda görüş ile tanımlanabilir. Bir nesneye ait model, belirli bir görüş açısından o nesnenin ifade edilmesidir. Dolayısıyla, her bir farklı tasarım görüşünü ifade eden farklı bir bina modeli olacaktır (Rosenman, Gero, 1998).

Belirli nesneler ve onların özellikleri ilgi alanlarını oluşturur. Bir duvarın ses geçirgenlik özellikleri inşaat mühendisinin faaliyet alanının dışındadır. Mimarlar için döşemeler, duvarlar, kapılar ve pencereler uzamsal ve çevresel fonksiyonlarla ilişkiliyken, inşaat mühendisi aynı elemanları bina yüklerini taşıyan ve kuvvetleri karşılayan elemanlar olarak görmektedir. Bucciarelli (2003), bu durumu "tek bir tasarım nesnesi fakat farklı nesne dünyaları vardır" şeklinde açıklamaktadır.

Bir tasarım nesnesini ifade etmek için tekil model yaklaşımını kullanmak, çok katılımcılı işbirliği ortamındaki farklı görüşleri modellemek için yetersiz kalmaktadır (Rosenman vd., 1993; Rosenman vd., 1996). Her bir katılımcı, farklı elemanlar ve farklı düzenlerin oluşturduğu bir nesne ortaya koyabilir. Örneğin, mimar farklı katlardaki duvarları ayrı elemanlar olarak modelleyebilirken, inşaat mühendisi tek bir taşıyıcı duvar olarak modelleyebilir. Çok katılımcılı işbirliği ortamındaki farklı görüşleri modellerken, aynı fiziksel özelliklere sahip nesneleri ilişkilendirmek gerekmektedir. Mimarın oluşturduğu a duvarı ile inşaat mühendisinin oluşturduğu b duvarı ve iklimlendirme mühendisinin oluşturduğu c duvarı nesneleri birbirine eşit özelliklere sahiptir. Bu yaklaşım, aynı enformasyonun kopyalanması dezavantajının yanında, her bir disiplinin kendi modelini yaratırken esnekliğe sahip olmasına izin vermektedir.

2.9 Çok Katılımcılı Doğrusal Tasarım Süreci

Bu model, tasarım sürecini doğrusal olarak gelişen bir süreç olarak tanımlamaktadır. Doğrusal olma durumunda tam bir veri paylaşımı mümkün değildir. Ortak bir veri yapı modeli üzerinde çalışılmamakta, katılımcılar kendi ihtiyaçları doğrultusunda ayrı modeller üzerinde çalışmaktadır. Tasarım süreci tek yönlü olarak ilerlediği için geri beslemeler gerçeklememektedir. Katılımcıların birlikte hareket edebileceği bir çalışma ortamı yoktur. Tasarım sürecinin farklı disiplinlerden katılımcıları birbirlerinin varlığından haberdar değildir, dolayısıyla katılımcılar arasında farkındalık söz konusu değildir. Bu model, çok katılımcılı bir tasarım süreci olmakla birlikte, gerçek bir işbirliği süreci değildir, ancak bir iş akışı süreci olarak tanımlanabilir.

2.10 Tasarımda Çok Katılımcılı İşbirliği İçin Önerilen Model

Tasarımda işbirliği iki şekilde gerçekleşebilmektedir. Birincisi, işbirliğini doğrusal bir süreç olarak yorumlamaktır. İkincisi ise, işbirliğini geri dönüşlerle ilerleyen döngüsel bir süreç olarak tanımlamaktır. Burada ortaya konan model, döngüsel bir modeldir (Şekil 2.5).

Bir yapının yaşam döngüsü "tasarım, yapım, kullanım ve bakım" aşamalarından oluşmaktadır. Bu aşamaların bir yapıyı hayata geçirecek şekilde gerçekleşmesi, farklı disiplinlerden katılımcıların verimli ve sağlıklı bir şekilde bir arada çalışmasını gerektirmektedir.

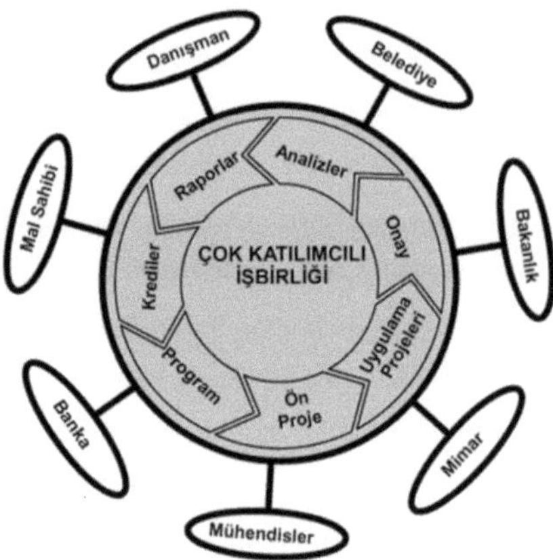

Şekil 2.5 Çok katılımlı işbirliği için Kalay (2004)'ten esinlenerek önerilen model

Bu model, doğrusal tasarım süreci ile karşılaştırıldığında, daha verimli bir etkileşim ortamı sunmaktadır. Yapının yaşam sürecinin tüm katılımcıları (mimarlar, mühendisler, yatırımcılar, danışmanlar, belediyeler, bakanlıklar vd.) bu modelde birbirleriyle etkileşim içinde olup, ortak bir yapı veri modeli üzerinde aynı anda çalışmaktadırlar. Tüm katılımcılar birbirlerinin varlığından haberdardır. Katılımcılar, kendi disiplinlerinin hedeflerini göz ardı etmeden, sonuç ürüne odaklı olarak çalışmaktadırlar. Bu model, katılımcılara birlikte hareket edebilecekleri bir çalışma ortamı sunmaktadır. Burada tüm katılımcılar ortak fayda sağlamaktadır.

Veri paylaşımı ve koordinasyonu mevcuttur. Bu model, veri tabanlı olarak çalışmaktadır. Katılımcılar, çalışma ortamına değişik dosya biçimlerinde veriler ekleyebilmektedir. Doğrusal tasarım süreci modeli ile karşılaştırıldığında, gerçek bir işbirliği ortamına daha yakın özellikler taşımaktadır.

2.11 Bölüm Sonucu

Bu bölümde, işbirliği kavramı ve işbirlikçi tasarım konuları irdelenmiş; işbirlikçi tasarımın ne olduğu, özellikleri, işbirlikçi tasarım ve BDT ilişkisi üzerinde durulmuştur. MMÜ endüstrisinde kullanılan güncel işbirliği yazılımları detaylı olarak incelenmiştir. Çok katılımcılı işbirliği konusu ayrıca bu bölümde incelenmiş ve bu konudaki örnek çalışmalar ele alınmıştır.

Bu bölümden elde edilen sonuçlar şu şekilde özetlenebilir:

- Günümüzde işbirlikçi tasarım önemli bir araştırma alanıdır. İşbirlikçi tasarımı destekleyen teknolojilerin gelişimi ise giderek hızlanmaktadır.
- Geleneksel işbirliği yöntemleri halen geçerliliğini korumaktadır. Bununla birlikte, sayısal yöntemlerin kullanımının önemi giderek anlaşılmaktadır.
- İşbirlikçi tasarım araştırmaları, yöntem ve uygulama alanı bakımından çeşitlilik göstermektedir. Kavramsal çalışmalar, işbirliği sürecinin işleyişini açıklamayı, sürecin anlaşılmasını kolaylaştırmayı ve gelecek hakkında öngörüler yapmayı hedefleyen çalışmalardır. Uygulamalı çalışmalar ise, oluşturulan senaryolara göre geliştirilen prototiplerin denenmesi ve buradan elde edilen sonuçların irdelenmesine yönelik olarak gerçekleştirilmektedirler.
- MMÜ endüstrisi, değişik disiplinlere ait grupların birlikte çalışmasını gerektiren bir proje ortamı aracılığıyla işlemektedir. ÇİPY teknolojileri, MMÜ endüstrisinin işleyişini kolaylaştırmakta ve verimliliği arttırmaktadır.
- Çok katılımcılı işbirliği, tasarımın doğasına uygun bir işbirliği biçimidir.

Gelecek bölümde, tasarım sürecinde bilgisayarın yeri ele alınmaktadır. YBM'nin işbirlikçi tasarıma getirdiği olanaklar ve yapı bilgi modellemede kullanılan IFC veri tipi detaylı olarak incelenecektir.

3. Tasarım Sürecinde Bilgisayarın Yeri

Son otuz yılda BDT sistemlerinin kullanımında büyük ilerlemeler yaşanmıştır. BDT programlarının YBM kullanarak çalışması MMÜ endüstrisi açısından oldukça önemlidir. BDT programlarının gelişimini şu şekilde özetlemek mümkündür:

1) İki Boyutlu (2B) çözümler: Elektronik çizim tahtaları,
2) Üç Boyutlu (3B) çözümler: Yalnız görselleştirme amaçlı modelleme,
3) YBM çözümleri: Mimari bilgiyle birleştirilmiş modeller,
4) Yapı ile uyum: Zamanlama/programlama (4B) ve maliyet (5B) hesabı.

MMÜ endüstrisinde YBM kavramı, güncel bir çalışma konusudur. YBM'nin geliştirilmesi için yapılan çalışmalar, daha sağlıklı ve hızlı veri değişimi ve paylaşımının gerçekleştirilmesine, veri paylaşımındaki sorunların ortadan kalkmasına, işbirliği ortamındaki iletişimin ve koordinasyonun gelişmesine katkıda bulunmaktadır.

3.1 2B ve 3B Modelleme (2B BDT/ 3B BDT)

2B modelleme erken dönemde görülen bir BDT uygulamasıdır. İki boyutlu çizim yapılabilen elektronik çizim tahtaları 2B uygulamaları oluşturmaktadır. 2B modelleme kavramında her şey iki boyutta tasarlanmaktadır, üç boyutlu model yaratılamaz. Tasarımdaki değişiklikler her çizimde tek tek düzeltilir ve her çizim kendi dosyasında saklanır.

Geleneksel çizim yöntemleri ile kıyaslandığında 2B modellemenin pek çok avantajı olmakla birlikte, pek çok dezavantajı da mevcuttur. Örnek vermek gerekirse, bir proje çizimi üzerinde yapılan değişiklikler aynı projeye ait diğer çizimleri etkilememektedir. Sonradan bir proje çizimine ekleme yapılması ve projede meydana gelen tasarımla ilgili değişiklikleri çizimlere aktarmak zordur.

Geleneksel çizim yöntemleri ve 2B programlarla kıyaslandığında 3B programları birçok olanak sunmaktadır. 3B BDT, 2B BDT programlarının yeteneklerine sahiptir. 3B ve 2B bilgiler tek bir dosyada saklanır. Genellikle gerçek mimari nesneler yerine 2B ve 3B çizim elemanları kullanılır. Sonradan bir çizime ekleme veya bir çizimde değişiklik yapılabilir. Kullanıcılar 2B nesneleri rahatlıkla modelleyebildikleri gibi, gerekirse aynı nesnelerin 2B çizimlerini de elde edebilmektedirler.

3B modellemenin en önemli eksikliği, akıllı mimari elemanların bulunmaması ve dosyalama sisteminin tam otomatik olmamasıdır. Ayrıca, 3B modelden 2B mimari temsillerin kolaylıkla elde edilememesi ve sadece geometrik veri ile yetinilmesi diğer önemli eksikliklerdir. 3B modellemedeki bu eksiklikler, YBM'nin en önemli ve vazgeçilmez özelliklerindendir.

3.2 Yapı Bilgi Modeli

Yapı Bilgi Modeli (Building Information Model/BIM), IAI tarafından geliştirilen terimler sözlüğünde üç şekilde tanımlanmaktadır (**Error! Reference source not found.**).

1) Birlikte işlerlik için, açık standartlar üzerine kurulu, bir yapının fiziksel ve fonksiyonel özelliklerinin paylaşılan sayısal sunumu,
2) Yapının ömrü boyunca, karar almaya güvenli bir temel oluşturan, bina hakkındaki paylaşılan bilgi kaynağı,
3) Temel amacı ortakların rollerine göre ve rollerini destekleyecek şekilde bilgiyi eklemek, çıkarmak, yenilemek ve değiştirmek olan, yapının ömrünün değişik aşamalarında değişik ortaklar arasında işbirliğidir.

YBM, yeni bir yapı tasarım ve belgeleme yöntemidir. YBM terimi, bir yapının tasarım, üretim ve yönetim bilgisinin oluşturulmasını ve kullanılmasını içermektedir. YBM yazılımları, nesne yönelimli (object-oriented) yöntemler kullanılarak geliştirilmektedir. YBM'nin içeriği şunlardan oluşmaktadır:

1) Fiziksel nesneler (kapı, pencere, boru, valf, kolon, kiriş vb.),
2) Mekânlar (tüm iç ve dış mekânlar),
3) Tasarım, üretim, bakım süreçleri,
4) Katılımcılar (organizasyonlar, firmalar, kişiler),
5) Nesneler arasındaki ilişkiler (Haagenrud vd., 2008).

YBM, geometri, mekânsal ilişkiler, coğrafik bilgi, yapı elemanlarının özellik bilgilerini hep birlikte içermektedir. Ayrıca, analiz ve modelleme sonuçlarını da saklayabilmektedir. Bunların yanı sıra, bir yapının yaşam döngüsüyle ilgili her türlü bilgi YBM'de tanımlanabilmekte ve saklanabilmektedir (Haagenrud vd., 2008).

YBM, tüm bilgilerin üç boyutlu ve dijital olarak saklandığı bir havuzdur. Tekil bir veritabanı olarak çalışan YBM'ye ortak ve genel bilgilerin dışında, katılımcılar tarafından da bilgiler eklenebilmektedir. Ayrıca, katılımcılar bu veritabanına istedikleri zaman ve yerden ulaşabilmektedir.

Kiviniemi vd. (2007), MMÜ ve MMÜ+HY endüstrilerinin giderek artan bir şekilde YBM kavramını öğrenmeye ve kullanmaya başladığını ve tasarım süreci elemanları içinde YBM teknolojilerine en hızlı adapte olanların mimarlar olduğunu belirtmektedir.

Başta Kuzey Avrupa ülkeleri olmak üzere, pek çok ülke YBM konusunda kendi standartlarını geliştirmiştir. Amerika'da "National BIM Standards" (NBIMS, 2008), Norveç'te "buildingSMART" (NO 2008), Avustralya'da "CRC Construction Innovation" (CRC CI 2008), Danimarka'da DK (DK 2008) en bilinen ulusal YBM standartlarıdır. Bunların dışında

Amerika'da GSA (GSA 2008), Finlandiya'da "Senate Properties" (Senate 2007) ve Norveç'te "Statsbygg" (Statsbygg 2007) olarak adlandırılan bazı başka YBM gereklilikleri de bulunmaktadır.

YBM ile ilgili çalışmalar, özellikle MMÜ+HY sektöründe kullanılan birlikte işlerlik yazılımlarının gelişimiyle hız kazanmıştır. Uluslararası Birlikte İşlerlik Kurumu (IAI, International Alliance for Interoperability) bu konudaki çalışmalarda öncü olmuştur ve olmaktadır (6).

3.2.1 Uluslararası Birlikte İşlerlik Kurumu (IAI)

MMÜ+HY endüstrisi bilgiye önem vermekte olup, günümüzde artan bir şekilde bilgi teknolojilerine (information technologies) bağlı olarak gelişme göstermektedir. Çeşitli bilgi teknolojileri neredeyse bütün MMÜ+HY sektöründe tasarım, üretim ve yönetim görevlerini desteklemekte kullanılmaktadır (Froese, 2003).

1990'ların başından itibaren, yapı sektörünün önde gelen bazı şirketleri, yazılım üreticileri ve araştırmacılardan oluşan bir grup, modern bilgi teknolojisinin getirdiklerinden faydalanmak için tartışmalara başlamıştır. Bu grup bilgi teknolojileri yardımıyla MMÜ+HY endüstrisinde kullanılacak standart bir veri dili oluşturmak için, 1994 yazında Uluslararası Birlikte İşlerlik Kurumunu (IAI) kurmuştur. 1995 yılının Haziran ayında Atlanta'da düzenlenen Mimarlık, Mühendislik ve İnşaat Sistemleri Fuarı'nda (AEC Systems Show) Birlikte İşlerlik Kurumu, birlikte işlerliğin tanıtımını gerçekleştirmiş ve öneminin kavranmasını sağlamıştır. 1996 yılının Mayıs ayında uluslararası resmi bir organizasyon olarak Uluslararası Birlikte İşlerlik Kurumu adını almıştır (6). Bu kuruluş günümüzde "BuildingSMART" adı altında çalışmalarına devam etmektedir.

Kuruluşun ilk üyeleri, sektörün gelişimini göz önüne alarak mesajlarını, ilk olarak Avrupa sonra Asya'da iletmeye başlamıştır. 1996 yılında Londra'da gerçekleştirilen ve kuruluşun adının Uluslararası Birlikte İşlerlik Kurumu olarak değiştirilmesi kararının alındığı ilk toplantıda, birçok ülkenin temsilcileri toplanarak Dokuz Bölge Temsilcileri adı altında, bölgesel araştırmaların yapılmasını amaçlayan bir grup kurmuşlardır (1). IAI, ilk toplantısında, sektördeki çalışmaların gelişmesi için bilgi paylaşımının hatasız gerçekleşmesinin ön şart olduğunu kararlaştırmıştır (2).

Kuruluşun üyeleri arasında mimarlar, mühendisler, yükleniciler, yapı sahipleri, hizmet yöneticileri, yazılım satıcıları, imalatçılar, devlet kurumları, araştırma laboratuarları, üniversiteler bulunmaktadır (2).

IAI ya da yeni adıyla BuildingSMART, MMÜ+HY sektöründeki bilginin paylaşımı ve değişimi için temel standartları belirlemekte olup, lider yazılım üreticileri ile birlikte çalışmaktadır. IAI tarafından geliştirilen ve bir ürünün tasarımında kullanılan bilginin akışına ve paylaşımına olanak sağlayan üç önemli temel standart mevcuttur:

1) Değişim formatı (IFC - Industry Foundation Classes): Bilginin nasıl paylaşıldığı,
2) Referans kitaplığı (IFD - International Framework for Dictionaries): Hangi bilgilerin paylaşıldığı,
3) Enformasyon gereklilikleri (IDM - Information Delivery Manual): Hangi bilginin ne zaman paylaşıldığı (Haagenrud vd., 2008).

Bilgi paylaşımı üzerine yapılan çalışmalar sonucu üretilen IFC (Industry Foundation Classes), günümüzde MMÜ+HY sektöründe ortak proje bilgilerinin paylaşımı için temel dosya biçimi olmuştur. IAI ise bu dosya biçiminin tanıtımını, yaygın kullanılması için yapılması gereken çalışmaları ve özelliklerinin yükseltilmesi çalışmalarını görev edinmiştir.

Bilgi paylaşımı ve ürün modeli tanımlaması yapmak amacıyla kullanılan ilk biçim, ISO STEP olmuştur. ISO STEP, SPFF (STEP Physical File Format) ve EXPRESS veri tanımlama dilini (EXPRESS Data Definition Language) içeren bir format olup, bilgi paylaşımını standardize etmek amacıyla atılan ilk adımdır. STEP, karmaşıklığı ve zor uygulanabilir olmasından dolayı, MMÜ+HY sektöründe ortak bir iletişim dili oluşturmakta yetersiz kalmıştır (Böhms vd., 2008) (**Error! Reference source not found.**).

MMÜ+HY sektöründe, STEP ile çalışan modeller yavaş işleyen ve sonuçta doğru veri biçimlerine erişilemeyen modeller olmuştur. Bunun üzerine, öncü yazılım firmaları IAI aracılığıyla, IFC yapı veri modelini geliştirme çalışmalarına başlamışlardır (Böhms vd., 2008).

IAI'nın teknik olarak almış olduğu ilk karar, IFC'nin tanımlanmasında, ISO STEP kapsamında belirlenen ölçütlere uyulması ve EXPRESS veri tanımlama dilinin kullanılmasıdır. Bu durumun temel yararı, EXPRESS dilinin aynı zamanda dünya çapında yapı sektörü içerisinde bulunan öncü firmaların araştırma-geliştirme çalışmalarında kullanıyor olması ve böylece ortak bir dil oluşmasıdır (1).

EXPRESS veri tanımlama dili kullanılarak ilk olarak geliştirilen STEP ve daha sonra geliştirilen IFC evrensel tanımlı ve genişletilebilir yapı veri modelleridir. DXF ve DWG formatları ise, MMÜ+HY sektöründe fiili (de facto) olarak kullanılagelen firma tabanlı ve gelişmeye açık olmayan modellerdir. Bu formatların yakın gelecekte MMÜ+HY sektöründeki gelişmelere ayak uyduramayarak yerlerini tamamen zengin veri tipine dayalı IFC vb. modellere bırakacağı açıktır.

İlk IFC sürümü 1997 yılının Ocak ayında IAI tarafından piyasaya sürülmüştür. IFC temelli ticari yazılımların örnekleri ilk olarak, 1998 yılının Haziran ayında Chicago'da gerçekleştirilen Mimarlık, Mühendislik ve İnşaat Sistemleri Fuarında sektöre tanıtılmıştır.

Günümüzde IFC, sahip olduğu bazı kısıtlamalara ve geliştirilmesi gereken bazı özelliklerine rağmen, yapı bilgi modellemesinde kullanılan en başarılı yapı veri modelidir.

3.2.1.1 Birlikte İşlerlik Kavramı

Bilgisayar ve yazılım fiyatlarının düşmeye başladığı ve ulaşılabilirliğin/erişilebilirliğin arttığı son yıllarda, MMÜ+HY sektöründe çalışmalar hızlanmaya başlamıştır. Bilgi adaları olarak tanımlanan modern bilgisayarlar ve birleşik veri teknolojileri diğer pek çok sektörde olduğu gibi MMÜ+HY sektöründe de önem taşımaktadır. Her bir MMÜ+HY projesi içerisinde inanılmaz derecede büyük veriler barındırmakta ve bu verilerin kullanımı, aktarımı, organizasyonu ve yönetiminde modern teknolojilere gerek duyulmaktadır.

MMÜ+HY proje bilgilerini bir araçtan diğerine modern veya konvansiyonel yöntemlerle aktarırken, kullanılan bilgisayar programlarının veri paylaşımını desteklememesi yüzünden, bilgilerin yeniden girilmesini gerektiren durumlar ortaya çıkmaktadır. Bunun sonucunda, gereksiz bilgi tekrarlamaları, hatalar, karışıklıklar, yanlış anlamalar ve gecikmeler oluşabilmektedir. Proje bilgilerinin kaybolması ise gerçekte proje süreci içerisinde ihtiyaç olduğunda bu bilgilerin kullanılamaması anlamına gelmektedir. Bu aşamadaki yaşanabilecek olası tüm aksaklıklar tasarım ve yapım sürecinin uzamasına ve yapım maliyetinin artmasına neden olabilmektedir.

Bilgi akışı ve değişimindeki bu problem birlikte işlerlik (Interoperability) konusunu MMÜ+HY sektöründeki araştırma ve geliştirme alanlarından en önemlisi haline getirmiştir. Froese (2003), birlikte işlerliği "bir uygulamadan diğerine proje döngüsü içinde bilgi akışının gerçekleştirilmesi" şeklinde tanımlamaktadır. Nour (2007) ise birlikte işlerliği "iki veya daha çok sistemin veya bileşenin bilgi değiştirme ve değiştirilen bilgileri kullanma yeteneği" olarak tanımlamaktadır. Nour'a göre tam anlamda birlikte işlerlik, veri paylaşımı, bilgi değişimi ve bağımsız çalışma platformu ile sağlanabilmektedir. Yazılımların birlikte işlerliği ise, bilgisayar programlarının, programın türüne ya da verinin saklandığı bölüme bağlı olmadan, proje verilerini otomatik olarak (bir programdan diğerine aktarmaya veya insan müdahalesine gerek kalmadan) paylaşmaları anlamına gelmektedir (6).

YBM, birlikte işlerliğe ulaşmada kullanılabilecek en uygun çözüm olarak görülmektedir. YBM, bir yapıya ait her türlü bilgiyi içeren bir sistem olup, bilgi değişimi için bir zemin oluşturmaktadır. Eastman (1999), çeşitli YBM girişimlerini sıralar. Günümüzde IFC, YBM girişimleri içinde en önemlisi olmuştur.

3.2.1.2 IAI Tarafından Desteklenen Sistemler

Yapı enerji performansı benzetim (simulation) süreci IAI tarafından tamamen desteklenirken, dinamik yük tahmini çalışması, ısıtma, havalandırma ve iklimlendirme (IHİ - HVAC, Heating, Ventilating and Air Conditioning) tasarımı, IHİ elemanlarının seçimi, ölçülendirme çalışması, IHİ sisteminin ve elemanlarının temini gibi inşaat süreci çalışmaları dolaylı olarak desteklenmektedir. Maliyet hesabı, üretim, servis, enerji yürütmeliklerine uyum, bakım, inşaat ve montaj, erişilebilirlik gibi bazı proje evreleri ise kısmen desteklenmektedir. (Bazjanac, 2004)

3.2.2 IFC Yapı Veri Modeli

IFC, nesne tabanlı bir yapı veri modelidir. MMÜ+HY projelerindeki her türlü bilgiyi barındırabilir. Bu bilgiler, IFC veri dosyalarının içinde yer almaktadır. Bu şekilde, IFC veri dosyaları, proje bilgilerinin verimli bir şekilde paylaşılması ve değişimi için tarafsız/nötr bir dosya biçimi oluşturmaktadır. IFC'nin 1994'ten günümüze dört sürümü geliştirilmiş olup, MMÜ endüstrisinin lider yazılımları (Architectural Desktop, Revit, ArchiCAD, Allplan vb.) IFC ile uyumlu çalışmaktadır (Froese, 2003).

IFC ve IFC ile ilgili ürünlerin geliştirilmesi, uygulanması, yönetimi gibi konular IAI tarafından düzenlenmektedir. IFC, tasarım ve strüktür ile ilgili tüm genel bilgileri ve katılımcılar tarafından paylaşılan diğer tüm bilgileri içermektedir. Sonuçta, tekil ve bütünleştirilmiş bir şema veya veri modeli ortaya konur. IFC terimi, veri modelinin kendisini ifade ettiği kadar, modelin içerdiği veri strüktürünü ifade etmek için de kullanılabilmektedir. IFC modeli, açık kaynaklı veri paylaşımını desteklemekte olup, son sürümü IFC 2X3 2006 yılında piyasaya çıkmıştır (Haagenrud vd., 2008).

Sektörün birçok önde gelen şirketi, IAI'nın IFC yapı veri modelini geliştirme çabalarını, gerek maddi gerekse kaynakların paylaşımını sağlayarak desteklemektedir. IAI ile kurulan bu gönüllü bağ, IFC modelinin sektördeki diğer profesyonel kuruluşlar, yazılım geliştirme takımları, veri sağlayıcıları ve diğer IAI üyeleri ile ilişkisinin sürekli olmasını ve birlikte işlerliğin gelişmesini amaçlamaktadır. Veri geliştiricilerinin IFC modeli üzerindeki çalışmaları sırasında pratik yapabilmeleri açısından, bu öncü şirketler veri geliştirme takımlarına zengin dile sahip yapı tasarım, inşaat ve işletim projeleri sağlamaktadırlar.

Bilgi paylaşımı ve değişimi konusuna temel teknik özellikler açısından bakıldığında, IFC'nin tutarlı ve kullanılabilir bir birlikte işlerlik teknolojisi olduğunu söylemek mümkündür. Diğer taraftan, IFC'nin mevcut durumuyla ilgili iki zıt görüş vardır. Birinci görüşe göre, IFC günümüzde büyük oranda gelişimini tamamlamış bir standarttır. İkinci görüşe göre, IFC veri değişiminin erken dönemine ait bir yapıdır (Froese, 2003).

IFC, profesyonellik gerektirmesi ve karmaşık yapısı nedeniyle sektördeki her kullanıcının kullanımına tam olarak açılamamıştır. IAI, IFC'nin geliştirilmesi ve sektördeki kullanıcıların işlemlerinde kolaylıkla kullanabilecekleri düzeye gelmesi için çalışmalara devam etmektedir (4).

MMÜ sektöründe IFC'ye karşı olan yoğun ilgi, birlikte işlerlik kavramına ilginin artmasını da sağlamıştır. Ancak, IFC'nin şu anda geldiği noktada karmaşık durumlarda birlikte işlerlik çözümleri üretmesi mümkün olamamaktadır. IFC modeli, içerisinde her türlü bilgiyi barındırıp kullanıcılar arasında paylaşımı kolaylaştırırken, gereken bilgiye gerektiği yerde ulaşılmasını sağlayarak yapılan işlemi hızlandırmaktadır (3).

3.2.2.1 IFC Yapı Veri Modelinin Önemi

IFC yapı veri modeli, semantik ve sentaktik değişim mekanizmasına sahiptir. IFC, yalnızca belirli bir uygulama ile çalışacak şekilde tasarlanmadığından dolayı, soyut bir modeldir. Tek bir adımda modellenemeyecek kadar karmaşık bir yapıya sahip olduğundan, katmanlı bir strüktürü vardır (Pazlar vd., 2008).

IFC'nin en önemli özelliği ve önceki teknolojilerden üstünlüğü, zengin veri tipi içermesidir. Zengin veri tipi, bir elemanın birden çok veri ile tanımlanması demektir. ÖRNEK: KAPI. Böylece tanımlanan elemanın pek çok niteliği belirlenmiş olur ve yapı veri modeli için sağlam bir veri altyapısı oluşturulur.

Bir yapı veri modeli, bilgileri saklayıp aktarmanın yanı sıra, farklı bilgiler arasında ilişki kurarak bilgilerin bağıntılı olmasını sağlamalıdır. Geleneksel 2B BDT yazılımları ve kapsamlı 3B BDT yazılımları, yapı bilgilerini tanımlamak için geometrik tanımlama elemanlarından (nokta, çizgi, dikdörtgen) faydalanmaktadırlar (Şekil 3.1-a). Yazılımlar, bilgileri yaratmak ve saklamak için bu yöntemi kullandıklarında, nesnelerin sahip olduğu özel tanımlama bilgilerini aktarmakta veya barındırmakta yetersiz kalmaktadır. Bu durumda tasarım, analiz, inşaat yönetimi vb. çalışmaları, kullanılan yazılımların geometrik tanımlama özellikleri yüzünden kesintilere uğramaktadır.

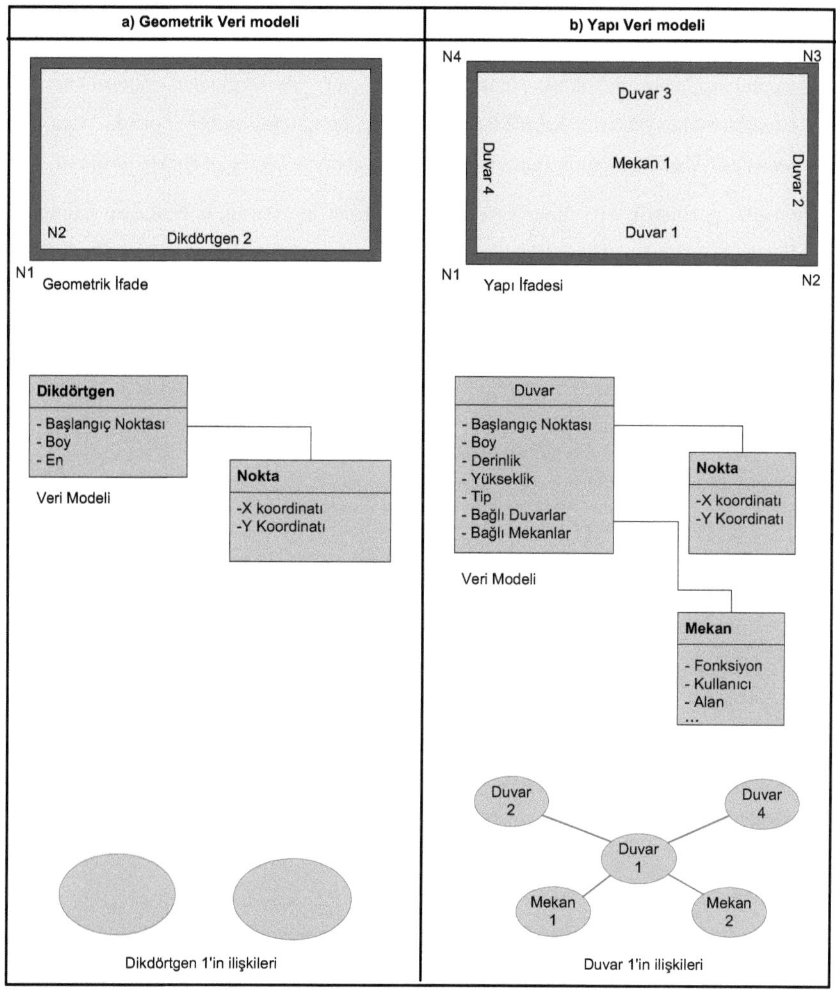

Şekil 3.1 Bilginin geometrik model ve yapı modeli olarak tanımlanması (Becerik ve Pollalis, 2006).

Bu sorunların üstesinden gelmek amacıyla, MMY sektöründe yapı veri modeli oluştururken nesne tabanlı veri modeli sistemi kullanılmaya başlanmıştır. Yapının elemanlarının birbirleriyle olan ilişkisinin kurulması temeline dayanan bu sistemde süreç oldukça uzundur

(Şekil 3.1-a). Bununla birlikte, kurulan model yapı elemanlarının tanımlanabilirliğini sağlamaktadır.

Geometrik veri modeli ile yapı veri modelinin tanımlama yetenekleri arasındaki etkin farklılıklardan bir diğeri de 'boşluğun' tanımlanmasıdır. Geleneksel 2B BDT ve 3B BDT yazılımları, boşluk/yokluk fiziksel olarak var olmadığından, bunu yapı içerisinde tanımlamakta yetersiz kalmaktadır. Oysaki yapı içerisindeki boşluk, yapı elemanları arasındaki ilişkiyi kurarak yapının ayrılmaz bir elemanı haline gelmektedir (Şekil 3.1-b).

Özetle, geometrik veri modeli mantığı ile çalışan bir yazılımla boşluğun tanımı yapılırken karmaşık hesaplamalar gerekmektedir. Yapı veri modeli kullanan bir yazılımlaysa boşluğun tanımı kolaylıkla yapılabilmektedir (3).

IFC yapı veri modelinin önemini kısaca özetlemek gerekirse;

- Semantik ve sentaktik ilişkilere sahiptir.
- Zengin veri tipi içerir.
- Nesne tabanlı veri modeli ile yapı veri modeli oluşturulur.
- Soyuttur.

3.2.2.2 IFC Yapı Veri Modelinin Yapısı

IFC yapı veri modeli genel anlamda 3 bölümden oluşmaktadır:

1) Limitli bir semantik bölüm,

2) Geometrik bölüm,

3) Vekiller (proxy) ve özellik setlerini içeren bölüm (Böhms vd., 2008).

IFC modeli, yalnızca duvar, kapı, kolon, tavan vb. somut yapı elemanlarını değil, çalışma takvimi, organizasyon şeması, maliyet hesabı gibi kavramları da içeren bir modeldir. Modeldeki tüm varlıklar, isim, geometri, malzeme vb. özelliklerden birini taşır. IFC'nin son sürümü, 623 varlık tanımı içermekte olup, bu 623 farklı kavram veya bileşen anlamına gelmektedir.

IFC modelinin mimarisi Şekil 3.2'de anlatılmaktadır. Modelin tasarımının nasıl yapıldığı şekilde açıklanmaktadır. Model, dört farklı düzeyi anlatan dört farklı katmandan oluşmaktadır. Her bir katman, tekil varlıkların tanımlandığı çeşitli kategoriler içermektedir. Örneğin; duvar varlığı (IFC Wall) Birlikte İşlerlik Katmanında yer alan Paylaşılan Yapı Elemanları şemasının içinde yer almaktadır. Katman sistemi, her bir katmandaki varlığın yalnız kendi katmanı veya bir alt katman ile ilişkilendirilebildiği, bir üst katman ile ilişkilendirilemediği şekilde tasarlanmıştır. Modelin modüler tasarımı, modelin kullanımını ve gelişimini kolaylaştırır alt katmanlarda tanımlanan varlıkların üst katmanlarda yeniden kullanımına izin verir niteliktedir. Ayrıca, bu modüler tasarımı sayesinde, IFC modeli farklı disiplinlerdeki özel uygulamalara kolaylıkla adapte edilebilir (3).

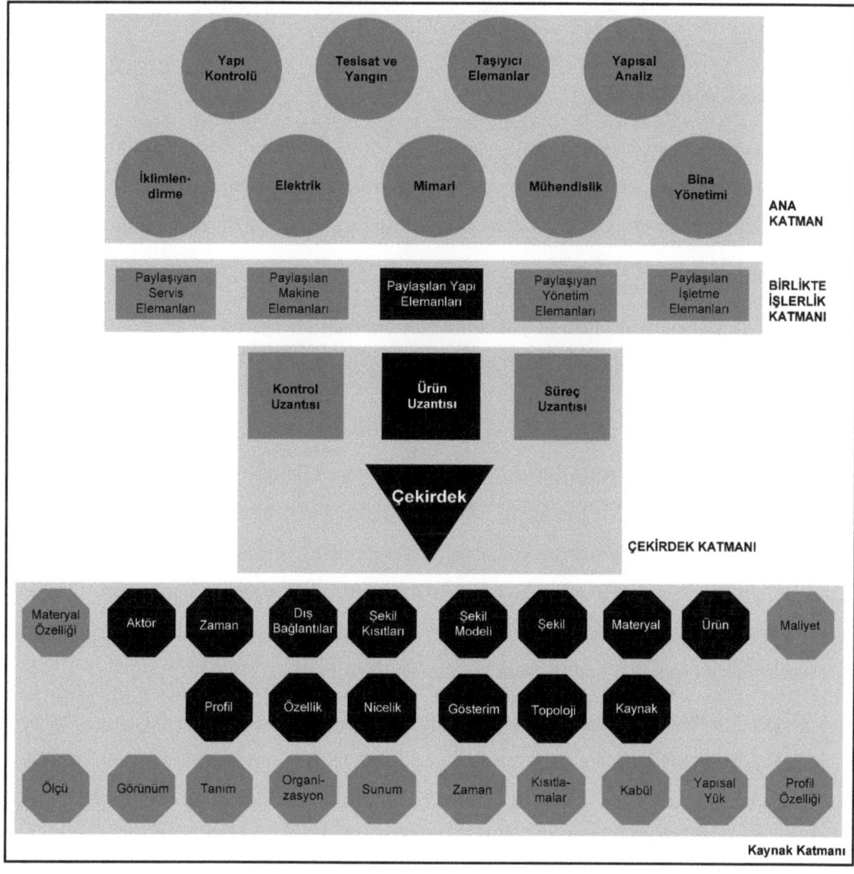

Şekil 3.2 IFC modelinin genel yapısı, modelin dört ana katmanı ve içerikleri (3).

IFC modelini oluşturan dört ana katman, ilk katmandan sonuncu katmana doğru şu şekilde sıralanmaktadır:

Kaynak Katmanı:

Bu katman objelerin geometri, malzeme, miktar, ölçü, zamanlama, maliyet gibi basit bilgi ve özelliklerinin belirtildiği ve saklandığı bölümdür.

Çekirdek Katmanı:

Bu katman yapı elemanlarının veya objelerinin detaylı bilgilerinin bulunduğu katmandır. Ürün ek şeması ile doluluk boşluk, yapı elemanları, ek açıklamalar gibi ayrıntı bilgiler de içerebilmektedir.

Birlikte İşlerlik Katmanı:

Proje ekibi arasında paylaşılan yapı, inşaat ve yönetim bilgilerinin bulunduğu katmandır. Farklı disiplinler arasında fikir birliği gerektiren yapı elemanlarının kararı, yapı servis elemanlarının kararı, yapı hizmet elemanlarının kararı gibi çalışmalarda kullanılmaktadır.

Ana Katman:

Mimari, mühendislik, hizmet yönetimi gibi alanlara ait her bir objenin bilgilerin toplandığı katmandır. (3)

3.2.2.3 IFC Yapı Veri Modelinin Diğer Özellikleri

IFC'nin tasarımında esnekliği arttırmak üzere eklenen iki önemli özellik vardır. Bunlar özellik setleri ve vekildir (3). Bir varlık genel ve kesin bir özelliğe sahipse, örneğin, bu özellik modele bir öznitelik olarak kodlanır. Diğer taraftan, bir özellik farklı bölümlerde farklı görünüyorsa, öznitelik gibi davranan ve modele eklenebilen bağımsız bir özellik olarak tanımlanır. Bu özellik, değişik bölgelerde tasarlanan yapılardaki bölgesel çeşitlilikleri belirtmekte (yapı sınıflaması, yapı kodlaması vb.) oldukça yararlıdır.

Özellik setleri IFC'nin esnekliğini arttırmaktadır. Bu faydacı yaklaşım, "Model View Definition" (MVD) olarak tanımlanmaktadır. MVD, IFC'nin tam bir semantik birlikte işlerlik sağlamasına yardımcı olmaktadır. IFC'de mimari özelliklere ait MVD iyi çözülmüştür. Ancak, IFC'nin strüktürel analiz uzantısı (ST4), strüktürel tasarımın tüm alanlarını içermemektedir. Dinamik analiz, öngerilim, denge problemleri ve bitiş elemanlarının tanımlanması gibi konular IFC'nin strüktürel özelliklerinin dışında yer almaktadır (Weise vd., 2003).

IFC'de strüktürel analiz yapabilmek için, strüktürün özel gerekliliklerine uygun yeni sınıflar tanımlanmak zorundadır. Yeni özellik setlerinin tanımlanması, mimari tasarımdan strüktürel tasarıma aktarılacak yapı elemanlarının semantik anlam farklılıklarını taşımasına neden olabilmektedir. Örneğin; mimari modelde bağımsız kirişler varken, aynı kirişler strüktürel modelde devamlı olarak görülürler (Pazlar vd., 2008).

IFC modeli ile çalışan yazılımlarda, mevcut modelde tanımlı olmayan varlıkları, yeni varlıklar olarak tanımlamak mümkündür. Bunlar "vekil" olarak nitelendirilir ve bilinen IFC varlıkları gibi geometri ve özellik setleri aracılığıyla tanımlanır. Örneğin, Orta Asya ve Güney Asya gibi tropik iklime sahip bölgelerdeki yapılarda sıklıkla kullanılan delikli kafesler, bu bölgelerde kullanılan IFC uygulamalarında "vekil" olarak tanımlanır.

IFC modelinin bir diğer önemli özelliği, yalnızca belirli bir uygulama ile çalışacak şekilde tasarlanmadığından dolayı, soyut olmasıdır. Varlıklar arasında doğrudan bir ilişki yoktur. Bütün ilişkiler dolaylı bir şekilde tasarlanmış olup, bu yaklaşım varlıkların farklı uygulamalarda birbirleriyle tanımlanan özel duruma uygun olarak ilişkilendirilmesine izin verir. ArchiCAD ve Autodesk Revit gibi özelleşmiş yapı modelleme uygulamalarında ise bu yaklaşımın tam tersi görülmektedir. Bu uygulamalarda, iç veriler (internal data) uygulama ile doğrudan ilişkilidir. Herhangi bir dosya formatının boyutu, bu formatın veri modelinin yapısı ile ilişkili olduğundan, bir IFC dosyasının içerdiği veri boyutu ile aynı veriyi içeren bir ArchiCAD veya Autodesk Revit dosyasının boyutu farklılık göstermektedir. Bir IFC dosyası, bir ArchiCAD veya Autodesk Revit dosyasına göre daha fazla veri içerdiğinden daha büyük boyuta sahiptir.

Şekil 3.3 IFC'nin geometrik tanımlama yetenekleri (Bazjanac, 2004).

Farklı veri modelleri verileri farklı biçimde yapılandırdığından, verileri bir modelden diğerine aktarırken bütün verileri aktarmak mümkün olmamaktadır. Örneğin, ArchiCAD, IFC modelinden tüm mimarlık ve mühendislik varlıklarını aktarabilir ancak aktarmanın gerçekleşemediği pek çok varlık vardır. Tersi durumda IFC modeli de, ArchiCAD'deki bina modeline ait tüm çizimleri veya ilgili belgeleri destekleyemez. Henüz IFC uyumlu olmayan Revit programında "alignments", "spacing" ve "equality" gibi özellikler IFC tarafından desteklenmekle birlikte, Revit programının gerektirdiği uygunlukta değildir.

IFC'den veri alırken ve veri aktarırken kayıplar meydana gelebilir. IFC modeli kullanırken farklı uygulamalar arasında tamamen birlikte işlerlik sağlamak, IFC'nin tüm veri modelleri ile uyumlu olmasını gerektirmektedir. Bu durum, günümüz teknolojisiyle hemen hemen imkânsızdır.

3.2.2.4 IFC Yapı Veri Modelinin Tanımlama Yetenekleri

IFC formatı, yapı elemanları bilgisini aktarabilir ve saklayabilir. Oldukça fazla yapı elemanı bilgisi ve yapı üretimi süreci IFC formatı ile uyumludur (Bazjanac, 2004).

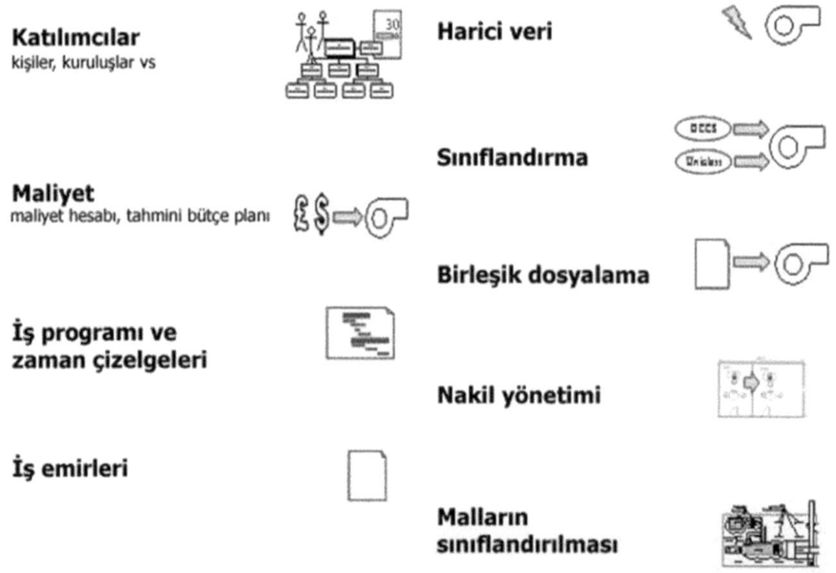

Şekil 3.4 IFC'nin işlem tanımlama yetenekleri (Bazjanac, 2004).

3.2.2.5 IFC'nin Yenilikleri

IFC'nin mimarlık, yapı üretimi, statik çözümleme ve hizmet yönetimi sektörlerinde 2x3 sürümü ile birlikte getirdiği veri tanımlama yenilikleri şunlardır:

Mimari

1) Genişletilmiş bölgelendirme: Bölgesel elektrik dağıtımlarının yapılması gibi çok katmanlı çalışmaların desteklenmesi,
2) Asansör şaftlarının desteği: Strüktürel ihtiyaçlar doğrultusunda asansör şaftlarının dikey bölgelendirmesi,
3) Genişletilmiş alan yeterliliği: dış hacim kullanımlarının detaylı olarak işlenebilmesi için sağlanan daha fazla alan,
4) İki boyutlu çizim desteği: tüm modelin paylaşılabilir olmasının yanında, projenin 2B çizimlerinin de -katman bilgisi, yazı, çizgi tipi ve kalınlığı, ek bilgiler ve ölçülendirme gibi- paylaşılabilmesi desteği,
5) ISO TC184/SC4 standartlarına uyum: IFC modelin dilinin ve proje strüktür özelliklerinin ISO standartlarına uygun olmasının sağlanması,
6) ISO 12006 Parça 3 ile uyum: süreli çalışmalar üzerinde belirli yeteneklere sahip olabilme.

Yapı Üretimi

1) Genişletilmiş eleman çeşitliliği: ayrı kontrol edilebilen birçok bileşen ile yürütmeliklere uyumun kontrolünün, hizmet ihtiyaçlarının ve benzetim yapımının kolaylığı,
2) Boşluklar ve temeller: işçilerin iş programı bilgilerinin, zaman çizelgesinin ve yapılacak işin tanımlanması,
3) Yapı boşlukları, çıkmaları ve ana eleman çerçeveleri ile yapı yalıtım ihtiyaçlarına göre bilgilerin sağlanması,
4) Destekler ve kilitler: destekler, çelik birleşim detayları, çivi ve vidalar, desteklerin montaj bilgileri gibi yapı küçük eleman bilgilerinin sağlanması,
5) Tesisat hizmetleri: tuvaletler, pisuarlar, duş tekneleri, küvetler, lavabolar, drenaj hatları, gibi tesisat elamanları bilgilerinin barındırılması,
6) Zamanlama: zamana karşı yapılan işlemlerin takibi,
7) Yangından korunma elemanları: yangın söndürücü sulama sistemleri, hortum makaraları gibi elemanların bilgilerinin sağlanması,
8) Elektrik sistem modeli: anahtarların, sigorta ve sigorta panellerinin, açma/kapama anahtarlarının, güç aktarıcılarının, jeneratörlerin, motorların, paratoner, koruyucu araçlar, aydınlatma elemanları gibi elemanların bilgilerinin proje ile birlikte saklanması (Bazjanac, 2004).

Statik Çözümleme

1) Malzemeden bağımsız strüktürel analiz modeli: strüktür elemanları, yapı arsa sınır koşulları, birleşim detayları, yük hesaplamaları gibi bilgilerin sağlanması,
2) Çelik strüktürler: strüktür elemanları ve çelik profillerin özellikleri, köşe detayları ve yüzey kaplama bilgilerinin sağlanması,

3) Çelik elemanların üretiminin proje detaylarına göre sağlanması,
4) Betonarme strüktür sistemleri: strüktür elemanları, donatılar, birleştirme elemanları ve eleman özelliklerinin sağlanması,
5) Betonarme temel tasarımı: temel ayakları ve kazıkların bilgilerinin sağlanması (Bazjanac, 2004).

Hizmet Yönetimi

1) Gelişmiş ürün tanımları: proje evrelerin zamanın paylaştırılması, maliyet ve iş emri bilgilerinin sağlanması,
2) Basitleştirilmiş sipariş hazırlığı,
3) Genişletilmiş maliyet modeli: projenin yaşam süreci boyunca kullanılacak her elemanın maliyet bilgilerinin sağlanması,
4) Durum gözlemi,
5) İş programı içerisinde ihtiyaçların zamanında eksiksiz sağlanabilmesi,
6) Yapı hizmet bilgilerinin sağlanması,
7) Çevresel etki: proje elemanlarının çevre üzerindeki etkilerinin projeyi güçlü kılabilmesi,
8) Çalışma izinleri: güvenlik, çalışma ve işletme ruhsatlarının sağlanması,
9) İşletme ve bakım bilgilerinin sağlanması (Bazjanac, 2004).

3.2.2.6 IFC Yapı Veri Modelinin 3B BDT Uygulamalarında Kullanımı

IFC, bir nesnenin yazılımlar arasında tüm özellikleri ile birlikte paylaşımını sağlayabilir. Bu konuyla ilgili yapılan bir çalışmada yazılımların IFC ile uyumu ve IFC aracılığıyla birbirleriyle kurduğu ilişki ele alınmıştır. Tuğla, beton ve yalıtım malzemeleriyle oluşturulmuş birkaç duvar, duvarların oturduğu bir döşeme, duvarlar üzerinde bir adet kapı ve bir adet pencere boşluğu bulunan basit bir model IFC kullanılarak hazırlanmıştır (Bazjanac, 2004).

Yazılımlar arasında IFC modeli aracılığıyla dosya alınır veya verilirken, her yazılım farklı bir IFC arayüzü kullanmaktadır. Farklı yazılımların IFC modelini almakta ve vermekteki özelliklerinin birbirleriyle karşılaştırılması şu başlıklar aracılığıyla gerçekleştirilmektedir:

- Geometri (basit veya karmaşık),
- Nesne tipi,
- Kompozit duvar,
- Katlar, boşluklar ve diğer duvarlar arası ilişki,
- Özellikler, isim, malzeme tipi gibi.

IFC'nin son sürümü olan IFC 2x, BDT yazılımlarının bir bölümü tarafından desteklenmekle birlikte, henüz tüm yazılımlara adapte edilememiştir. Ayrıca, IAI tarafından onaylanmamış olan yazılımların IFC'yi desteklemesi söz konusu değildir. Bu nedenden dolayı yazılımlar arası dosya paylaşımında sorunlar çıkabilmektedir. Onaylanmamış yazılımlar ile dosya paylaşımı sırasında eleman özelliklerinin tamamı hatasız bir şekilde aktarılamamaktadır.

Bazı mevcut 3B BDT programları ile IFC modelinin ilişkisi şu şekilde özetlenebilir (5).

1) "Autodesk Architectural Desktop Tool" yazılımı (ADT) nesneleri özellikleri ile birlikte dışa aktarabilmek amacıyla, nesnelerin özelliklerini yaratılırken üzerine eklemektedir. Fakat nesnelerin özellikleri ADT'nin stil düzenleyicisi ile hazırlandığından IFC üzerinde bu özellik bilgilerinin geçerli olması için, nesneyi dışa vermeden önce bu özelliği aktive etmek gerekmektedir,

2) ArchiCAD yazılımında ise duvar içerisinde bir boşluk açmak başarısız sonuçlar vermektedir. Bu yüzden karmaşık geometri yaratma yeteneği sınırlıdır. Boşluk yazılım içerisinde yüksek detay modunda yaratılabilmektedir. Özelliklerin IFC ile taşınabilmesi için 'ayarlar' içerisinden IFC'nin aktive edilmesi gerekmektedir,

3) "Bentley Architecture" yazılımının, nesnelerin IFC'ye verilmesi için "ifcmapping.set" dosyasını kullanması gerekmektedir. Bu dışa aktarım "IFC Mapping" tuşu kullanılarak gerçekleştirilebilmektedir. Kompozit bir duvarın dışa aktarımında her katmanın aynı grafik grubunda bulunuyor olması gerekmektedir,

4) "Autodesk Revit Building" yazılımı çalışmanın yapıldığı tarihte IFC modelini içe aktaramamaktadır. Bu sebeple yazılımın IFC'yi dışa aktarımı incelenmiştir. ArchiCAD'de olduğu gibi duvar içerisinde bir boşluk açmak Revit'te de problemlidir. Bu da karmaşık nesneler yaratmayı zorlaştırmaktadır,

5) "Tekla Structures", IFC modelini sadece içe alabilmektedir. Tekla, inşaat hesaplarının yapıldığı bir yazılım olduğundan kompozit bir duvar yaratmak olanaksızdır bunun yerine tek bir malzemeye sahip bir duvar yaratılabilmektedir.

3.2.2.7 IFC'nin Sertifikasyon ve Veri Değişimi Problemleri

MMÜ+HY sektöründe projeler üzerindeki farklı uygulamalar arasında model tabanlı veri değişimine (model-based data exchange) duyulan gereklilik, IFC ile uyumlu uygulamaların kullanımında radikal bir değişikliğin oluşmasına neden olmuştur. 2007 yılına kadar IFC, çok sınırlı sayıda uygulamada kullanılmış, genelde araştırma projeleri veya pilot projelerde kullanımı gerçekleşmiştir. Araştırma projelerinde uzmanları çalışma grubuna dâhil ederek teknik problemleri en aza indirmek söz konusu iken, gerçek uygulama projelerinde uzmanlar ile çalışmak düşük bir olasılıktır. Bu projelerde kullanılan yazılımların büyük bir kısmı IFC ile uyumlu olmakla birlikte, veri değişiminde bazı sorunlar yaşandığı bilinmektedir (Kiviniemi vd., 2008).

IFC sertifikasyonunun niteliksel problemlerini ve IFC sertifikalı yazılımların veri değişimi problemlerini araştırmak üzere gerçekleştirilen bir araştırmada IFC 2x3 üzerinde problem analizi yapılmıştır (Kivini emi, 2007).

IFC'nin en son sertifikasyon süreci, IFC 2x3'ün "Extended Coordination View" özelliğine dayalı olarak belirlenmektedir. IAI'nın resmi Internet sitesinden elde edilen bilgilere göre, 10 adet yazılım sertikasyon sürecini "kalan konular yakın gelecekte çözümlenecektir" ibaresi ile geçmiştir. (Kiviniemi, 2007).

Kiviniemi (2007) tarafından yapılan bu araştırmada şu sonuçlara varılmıştır:

1) Sertifikasyon süreci, kullanıcılara yardımcı olacak şekilde belgelenmemiştir. Bu IFC'nin yaygın kullanımının sağlanmasına adına önemli bir problemdir. Kullanıcılar, IFC ile nasıl veri değişimi yapılacağını bilemezlerse, IFC'yi gerçek projelerde kullanmaları mümkün olmaz.

2) Belgelenmiş sertifikasyon sonuçlarında kesinlik durumu yoktur. Her bir testte tam olarak nelere bakıldığı, kabul edilebilir sonuçların neler olduğu, hangi sonuçların belgelenmesi gerektiği konularında, IAI aracılığıyla ulaşılabilen bir belge yoktur. Sertifikasyon sürecinde test uzmanları, testi nasıl yapacakları ve raporlayacakları üzerinde tartışmalar yapmaktadırlar. Ancak, test için farklı yorumların yapılması olasılığı, istatistiksel analiz için bir problem oluşturmaktadır. Bu problemin önlenebilmesi için, sertifikasyon testlerinin nasıl yapılacağına dair kesin prosedürlerin belirlenmesi ve tutarlı bir şekilde belgelenmesi gerekmektedir,

3) IFC'nin dışarıya veri aktarımı (export) için sistematik bir test etme yöntemi bulunmamaktadır. Bir yazılım dışarıya veri aktarmak için sertifikalandırılacak ise, bu özellik ile ilgili kapasitesi sistematik olarak test edilmeli ve belgelenmelidir,

4) Sertifikasyon belgelerine bakıldığında, yapı elemanlarının yalnızca geometrik olarak test edildiği, semantik ilişkilere ait bir test yapılmadığı görülmektedir. Bu, IFC'nin dışa veri aktarma (export) ve içe veri aktarma (import) süreçlerinden sonra, bir yapı elemanının orijinal olarak kalamayabileceği anlamına gelmektedir. Aktarılan elemanın konumu veya ölçüleri değişebilir. Ayrıca, elemanın sınıfı, IFC ve içe aktarmanın yapıldığı uygulama arasında doğru bir şekilde bağlantı kurulamazsa, aktarımdan sonra elemanın kullanımında çeşitli kısıtlamalar oluşabilmektedir,

5) Aktarılan içerik, örneğin özellik setleri detaylı bir şekilde belgelenmemektedir. Ayrıca, özelliklerin tamamıyla aktarılıp aktarılmadığını söylemek imkânsızdır.

3.2.2.8 IFC'ye Dayalı Birlikte İşlerlik İçin Gelecek Öngörüleri

Günümüzde gelinen noktada IFC, en yaygın olarak kullanılan ve kabul gören yapı veri modeli olmakla birlikte, karmaşık durumlarda birlikte işlerlik çözümleri üretmesi söz konusu değildir:

1) IFC'ye dayalı veri değişimi, ürün verilerinin değişiminden proje yönetimi bilgilerinin değişimine doğru gelişmelidir,

2) IFC'nin içeriği, tekil yapı ölçeğinden inşaat altyapısının tüm öğelerini içeren geniş bir ölçeğe doğru gelişmelidir,

3) IFC'ye dayalı veri değişimi, durağan kapsamlı veri strüktüründen dinamik genişletilebilir veri strüktürüne ve kullanımına doğru gelişmelidir,

4) Entegrasyon çözümleri, yalnızca homojen yapılı ve model tabanlı bilgileri değil, çeşitli bilgi biçimlerinin oluşturduğu heterojen bilgi gruplarını da içerecek şekilde gelişmelidir,

5) IFC teknolojilerini geliştirmekte kullanılan yöntem, her türlü veri değişimi senaryosunun geliştirilmesine imkân verecek modülerliği sağlayacak şekilde yeniden tasarlanmalıdır,

6) IFC'nin entegrasyonu, dosya tabanlı değişimden sistem çözümlerinin paylaşılmasına doğru ilerleme göstermelidir,

7) IFC ile ilgili standartlar, veri değişiminin içeriği hakkında bilgi vermenin yanı sıra, veri değişimini oluşturan hareketin yapısı hakkında da bilgi verecek şekilde geliştirilmelidir,

8) IFC tabanlı yaklaşımlar, birlikte işlerlik kavramını ve entegre sistemleri kapsayacak şekilde ele alınmalıdır,

9) Model tabanlı yaklaşımlar, özellikle belge yönetimi, işakışı yönetimi, bilgi yönetimi, e-ticaret gibi konularla ilgili enformasyon teknolojileri ile entegre edilerek geliştirilmelidir,

10) Birlikte işlerlik çözümlerini mevcut endüstri pratiğine uygulamaya çalışmaya ek olarak, entegre sistemlerin kullanımına ivme kazandıracak yeni proje organizasyonu ve yönetimi şekilleri geliştirilmelidir.

3.3 Bölüm Sonucu

Bu bölümde, tasarım sürecinde bilgisayarın kullanımı ele alınmıştır. YBM öncesi sistemler kısaca irdelenmiş, YBM'nin ne olduğu ve kullanım alanları açıklanmıştır. Nesne tabanlı bir yapı bilgi modeli olan IFC bu bölümde detaylı olarak incelenmiştir.

Bu bölümden elde edilen sonuçlar şu şekilde özetlenebilir:

- MMÜ endüstrisinde YBM kavramı, güncel bir çalışma konusu olup, bu endüstrinin gelişimi açısından önem taşımaktadır.
- YBM, bir yapıyla ilgili tüm bilgilerin üç boyutlu ve sayısal olarak saklandığı yeni bir tasarım ve belgeleme yöntemidir.
- Birlikte işlerlik yazılımlarının gelişimi, YBM ile ilgili çalışmaların hızlanmasına yardımcı olmuştur.
- IFC, zengin veri tipi içermesiyle IFC öncesi teknolojilere üstünlük sağlamıştır.
- Günümüzde gelinen noktada en yaygın kullanılan yapı bilgi modeli IFC'dir.

Gelecek bölümde, alan çalışması ve model önerisi gerçekleştirilmiştir. Farklı disiplinler arasındaki ilişkilerin irdelenebileceği tasarım ofislerinde bir anket çalışması uygulanmış ve anketlerin değerlendirilmesinden elde edilen veriler, önerilen işbirliği ortamının geliştirilmesinde kullanılmıştır.

4. Alan Çalışması

4.1 Anket İle Veri Toplama

Geliştirilen işbirliği ortamı önerisine veri sağlamak ve gerçek bir işbirliği ortamının sorunlarını ve beklentilerini belirlemek amacıyla, üç tasarım ofisinde bir anket çalışması gerçekleştirilmiştir. Bu ofisler, büyük veya çok sayıda proje üzerinde çalışan, ulusal ve uluslararası çalışma ortakları olan, 8 ve üzeri mimar veya mühendis çalışanı olan, yüklenici firmalar, yatırımcı ve danışmanlık şirketleri, ilgili bakanlık ve/veya belediye ile işbirliği yapan ofislerdir. Birinci firmada on beş adet anket dağıtılmış, on adeti geri alınabilmiştir. İkinci firmada sekiz anket dağıtılmış ve hepsi geri alınmıştır. Üçüncü firmada ise yirmi adet anket dağıtılmış ve on iki adet anket geri alınabilmiştir. Toplam otuz adet anket değerlendirmeye alınmıştır.

Uygulanan anket dört bölümden ve toplam yirmi beş adet sorudan oluşmaktadır. İlk bölüm, tasarım ofislerinin profillerini belirlemeye yönelik olup, toplam yedi adet çoktan seçmeli soru sorulmuştur. İkinci bölüm, anketin uygulandığı ofislerden tasarım süreci değerlendirmesi almak ve yaşanan sorunların tespitini yapmak amacıyla hazırlanmış olup, toplam altı adet sorudan oluşmaktadır. Bu soruların iki adedi katılımcıların tasarım süreci ile ilgili görüşlerini almak amacıyla çoktan seçmeli olarak hazırlanmıştır; diğer sorular ise değer derecelenmesi tekniğiyle hazırlanmıştır.

Üçüncü bölüm, anketin uygulandığı ofislerden tasarım sürecinde işbirliği ve kullandıkları işbirliği yöntemleri hakkında bilgi toplamaya yöneliktir. Toplam yedi adet sorudan oluşmakta olup, soruların bir adedi açık uçlu, diğerleri çoktan seçmelidir. Anketin son bölümü, işbirliği sorunları ve beklentileri hakkında katılımcılardan bilgi edinmek amacıyla hazırlanmıştır ve toplam beş sorudan oluşmaktadır.

4.1.1 Uygulama Alanının Tanımı

Tasarımda işbirliği uygulamaları ve çalışmaları günümüzde pek çok tasarım/mimarlık ofisinde gerçekleştirilmektedir. Bu ofisler, birbirinden farklı profillere sahiptirler. Anketin birinci bölümü, tasarım sürecinde işbirliği çalışmalarının gerçekleştirildiği ofislerin genel profilini belirlemek amacıyla hazırlanmıştır.

1.soru: Hangi tip yapılar tasarlıyorsunuz?

Anketin uygulandığı ofislerin uygulama alanını oluşturan işlerin mahiyetinin belirlenmesi amacıyla sorulmuştur.

2. soru: Genellikle hangi büyüklükte yapılar tasarlıyorsunuz?

Anketin uygulandığı ofislerin uygulama alanını oluşturan işlerin büyüklüğünün belirlenmesi amacıyla sorulmuştur. Yapılan işlerin belirli bir büyüklük ve üzerinde olmasının işbirliği uygulamalarının kullanımını arttıracağı düşünülmektedir. Bu soruya verilen yanıtların değerlendirilmesi sonucunda, ofislerin iş büyüklükleri ve tasarım sürecinde işbirliği ilişkisi belirlenmiştir.

3. soru: Şu an için kaç adet proje üzerinde çalışmaktasınız?

Anketin uygulandığı sırada, ofislerin kaç adet proje üzerinde çalıştığının belirlenmesi amacıyla sorulmuştur. Belirli bir sayının altında proje üzerinde çalışan ofisler, tasarım sürecinde işbirliğine gerek duymayabilir veya işbirliğini konvansiyonel yöntemlerle gerçekleştirebilir. Belirli bir sayının üstünde proje üzerinde çalışan ofisler ise, tasarım sürecinin kalitesini arttırmak, hataları azaltmak ve sürecin ilerleyişini hızlandırmak adına, işbirliği yazılımlarının kullanımına yönelmektedir. Bu soruya verilen yanıtların değerlendirilmesi sonucunda, çalışılan proje sayısı ve tasarım sürecinde işbirliği yapma arasında bir ilişki olup olmadığı belirlenmiştir.

4.soru: Çalışanlarınızın kaçı mimar veya mühendistir?

Anketin uygulandığı ofislerde çalışan elemanların kaç tanesinin mimar veya mühendis olduğunun belirlenmesi amacıyla sorulmuştur. Belirli bir sayının üzerinde mimar veya mühendis çalıştıran ofisler daha büyük kapasiteli olduklarından, daha çok sayıda proje üzerinde aynı anda çalışmaktadırlar. Dolayısıyla tasarım sürecinde işbirliği uygulamalarının kullanılması olasılığı daha fazladır. Bu soruya verilen yanıtların değerlendirilmesi sonucunda, tasarım sürecinde işbirliği ve ofislerde çalışan eleman sayısı arasında, tasarım sürecinde işbirliği uygulamaları açısından bir ilişki olup olmadığı belirlenmiştir.

5. soru: İnşaat, iklimlendirme, elektrik vb. projeler sizin firmanızda mı yoksa başka firmalarda mı hazırlanmaktadır?

İnşaat, iklimlendirme, elektrik vb. projelerin anketin uygulandığı ofislerde hazırlanıp hazırlanmadığını belirlemek amacıyla sorulmuştur. Tasarım ve mühendislik projelerinin aynı ofiste hazırlanması, bu ofiste tasarım sürecinde işbirliği uygulamalarının kullanıldığının açık bir göstergesi olmamakla birlikte, bütün projelerin tek bir ofis içinde hazırlanıp hazırlanmadığının belirlenmesi, gerçekleştirilen işbirliğinin ne tür bir işbirliği olduğunu belirlemek açısından önemlidir.

6. soru: Bu projeler sizin firmanızda hazırlanmakta ise, ilgili departmanlarınız mevcut mudur?

Anketin uygulandığı ofislerde, tasarım ve mühendislik projeleri birlikte hazırlanıyor ise, ilgili bölümlerin mevcut olup olmadığını belirlemek amacıyla sorulmuştur. Projelerin aynı ofis içinde farklı departmanlarda hazırlanması, bu ofiste tasarım sürecinde işbirliği yapıldığının açık bir göstergesi olmamakla birlikte, bölüm sisteminin olup olmadığının belirlenmesi, gerçekleştirilen işbirliğinin ne tür bir işbirliği olduğunu belirlemek açısından önemlidir.

7. soru: Beraber çalıştığınız ulusal ve/veya uluslararası partneriniz var mı?

Anketin uygulandığı ofislerde beraber çalışılan ulusal ve/veya uluslar arası partnerlerin olup olmadığının belirlenmesi amacıyla sorulmuştur. Bir partnere sahip olma durumu, tasarım sürecinde işbirliğinin bir şekilde gerçekleştirilmekte olduğunu göstermektedir. Bu soruya verilen yanıtların değerlendirilmesi sonucunda, bir partnere sahip olma durumu ile tasarım sürecinde işbirliği yapma arasında bir ilişki olup olmadığı belirlenmiştir.

4.1.2 Tasarım Sürecinin Tanımı ve Sorunları

Bu bölüm, anketin uygulandığı ofislerden tasarım sürecini nasıl değerlendirdikleri, yaşanan sorunların neler olduğu konularında bilgi edinmek amacıyla hazırlanmıştır.

1.soru: Tasarım sürecini nasıl tanımlarsınız?

Bu soru, anketin uygulandığı kişilerden daha objektif bilgi alabilmek amacıyla açık uçlu olarak hazırlanmıştır. Tasarım sürecinde işbirliği çalışmalarına ve uygulamalarına geçmeden, tasarım sürecinin tanımının ne olduğu ortaya konmalıdır. Bu soruya verilen yanıtların değerlendirilmesi sonucunda, anketi yanıtlayanların tasarım sürecini nasıl tanımladığı, bu tanımların tasarım sürecinde işbirliği ile nasıl ilişkilendirildiği konularına açıklık getirilmiştir.

2. soru: Tasarım sürecinde yaşanan aksaklıklar sizce neden ileri gelmektedir?

Bu soru, tasarım sürecinde yaşanan aksaklıkların nedenini ortaya koymak amacıyla hazırlanmıştır. Katılımcılardan daha objektif bilgi edinebilmek için, açık uçlu bir soru olarak düzenlenmiştir. Yaşanılan aksaklıkların nedenlerinin belirlenmesi, tasarım sürecinde karşılaşılan problemlerin oluşmasına engel olabileceği gibi, tasarım sürecinde sağlıklı bir işbirliği gerçekleştirmek için önem taşımaktadır.

3. Soru: Tasarım sürecinde yatırımcı veya danışmanlık şirketi ile sorunlar yaşıyor musunuz? Cevabınız evet ise, aşağıdaki sorunları önem sırasına göre sıralayınız.

Tasarım sürecinde aktörler arasında yaşanan problemler, sürecin ilerleyişini olumsuz yönde etkilemektedir. Bu problemlerin genel anlamda belirlenebilmesi için, soru kapalı uçlu olarak hazırlanmıştır. Bu soruya verilen yanıtların değerlendirilmesi sonucu, tasarımcı ve yatırımcı veya danışmanlık şirketi arasındaki en önemli problemlerin neler olduğu ortaya çıkmış ve sağlıklı bir işbirliği gerçekleştirmek için bu problemlere karşı alınması gereken önlemler tartışılmıştır.

4. Soru (a): Tasarım sürecinde yüklenici firma ile sorunlar yaşıyor musunuz?

4. Soru (b): Cevabınız evet ise, aşağıdaki sorunları önem sırasına göre sıralayınız.

Tasarım sürecinde aktörler arasında yaşanan problemler, sürecin ilerleyişini olumsuz yönde etkilemektedir. Bu problemlerin genel anlamda belirlenebilmesi için, soru kapalı uçlu olarak hazırlanmıştır. Bu soruya verilen yanıtların değerlendirilmesi sonucu, tasarımcı ve yüklenici arasındaki en önemli problemlerin neler olduğu ortaya çıkmış ve sağlıklı bir işbirliği gerçekleştirmek için bu problemlere karşı alınması gereken önlemler tartışılmıştır.

5. Soru (a): Tasarım sürecinde ilgili bakanlık ve/veya belediye ile sorunlar yaşıyor musunuz?

5. Soru (b): Cevabınız evet ise, aşağıdaki sorunları önem sırasına göre sıralayınız.

Tasarım sürecinde aktörler arasında yaşanan problemler, sürecin ilerleyişini olumsuz yönde etkilemektedir. Bu problemlerin genel anlamda belirlenebilmesi için, soru kapalı uçlu olarak hazırlanmıştır. Bu soruya verilen yanıtların değerlendirilmesi sonucu, tasarımcı ve ilgili bakanlık ve/veya belediye arasındaki en önemli problemlerin neler olduğu ortaya çıkmış ve sağlıklı bir işbirliği gerçekleştirmek için bu problemlere karşı alınması gereken önlemler tartışılmıştır.

6. Soru: Tasarım sürecinde ulusal ve/veya uluslar arası çalışma ortaklarınız ile sorunlar yaşıyor musunuz? Cevabınız evet ise, aşağıdaki sorunları önem sırasına göre sıralayınız.

Tasarım sürecinde aktörler arasında yaşanan problemler, sürecin ilerleyişini olumsuz yönde etkilemektedir. Bu problemlerin genel anlamda belirlenebilmesi için, soru kapalı uçlu olarak hazırlanmıştır. Bu soruya verilen yanıtların değerlendirilmesi sonucu, tasarımcı ve ulusal ve/veya uluslararası çalışma ortakları arasındaki en önemli problemlerin neler olduğu ortaya çıkmış ve sağlıklı bir işbirliği gerçekleştirmek için bu problemlere karşı alınması gereken önlemler tartışılmıştır.

4.1.3 Tasarımda İşbirliğinin Tanımı

Bu bölüm, anketin uygulandığı ofislerden tasarım sürecinde işbirliğinin ne olduğu ve yöntemleri hakkında bilgi edinebilmek amacıyla hazırlanmıştır.

1. soru: Tasarımda işbirliğinin tanımı sizce nedir?

Anketi yanıtlayan katılımcılardan daha objektif bilgi alabilmek için, bu soru açık uçlu olarak hazırlanmıştır. Bu sorudan elde edilen farklı tanımların değerlendirilmesi ile, genel anlamda kabul gören bir ortak tanım oluşturulmuş ve bu tanım tezde tasarım sürecinde işbirliğinin tanımı olarak kabul edilmiştir.

2.soru: Ofisinizde tasarım kararları işbirliği ile mi alınmaktadır?

Bu soru, tasarım kararlarının nasıl alındığını ortaya koymak amacıyla hazırlanmıştır. Bu soruya verilen yanıtların değerlendirilmesi ile anketin uygulandığı ofislerin tasarım sürecinde işbirliği konusundaki genel yaklaşımları anlaşılmıştır.

3. soru (a): İkinci soruya verdiğiniz cevap evet ise, bu kararı kim veya kimler almaktadır?

Bu soru, tasarım sürecinde işbirliği yaparken karar alma mekanizmasını yönlendiren aktörlerin kimler olduğunu daha objektif bir şekilde belirlemek amacıyla açık uçlu olarak hazırlanmıştır.

3. soru (b): İkinci soruya verdiğiniz cevap evet ise, bu işbirliği nasıl gerçekleştirilmektedir? Birden fazla seçenek işaretleyebilirsiniz.

Bu soru, tasarım sürecinde işbirliğinin nasıl gerçekleştirildiğini belirlemek amacıyla hazırlanmış olup, en sık başvurulan işbirliği yöntemleri kapalı uçlu bir soru oluşturacak şekilde sıralanmıştır. Bu soruya verilen yanıtların değerlendirilmesi sonucu, en sık kullanılan işbirliği yöntemleri ortaya çıkmış ve tezde tasarım sürecinde işbirliği yapmak için bunların hangilerinin kullanılabileceği tartışılmıştır.

4. soru: Tasarımda işbirliği yapmak için özel bir yazılım kullanıyor musunuz?

5. soru (a): Dördüncü soruya verdiğiniz cevap evet ise, tasarımda işbirliği yapmak için aşağıdaki yazılımların hangilerinden yararlanıyorsunuz? Birden fazla seçenek işaretleyebilirsiniz.

Bu soru, tasarımda işbirliği yapmak için kullanılan güncel yazılımların hangileri olduğunu belirlemek amacıyla hazırlanmıştır. Bu soruya verilen yanıtların değerlendirilmesi sonucu, hangi yazılımların sıklıkla kullanıldığı ortaya çıkmış ve tezde bu yazılımlar detaylı olarak incelenmiştir.

5. soru (b): Eğer varsa kullandığınız diğer yazılımları yazınız.

6. soru (a): Dördüncü soruya verdiğiniz cevap hayır ise, işbirliği yapmak için hangi yöntemi kullanıyorsunuz? Birden fazla seçenek işaretleyebilirsiniz.

Bu soru, tasarımda işbirliği yaparken bir yazılım kullanılmadığı zaman hangi yöntemlerin tercih edildiğini belirlemek amacıyla hazırlanmıştır. Bu soruya verilen yanıtların değerlendirilmesi sonucu, hangi yöntemin sıklıkla kullanıldığı ortaya çıkmış ve oluşturulan modele bu yöntemi destekleyecek bir özellik eklenmiştir.

6. soru (b): Eğer varsa kullandığınız diğer yöntemleri yazınız.

7. soru (a): Veri paylaşımı için hangi yöntemden yararlanıyorsunuz? Birden fazla seçenek işaretleyebilirsiniz.

Bu soru, veri paylaşımı yöntemlerinin hangilerinin kullanıldığını belirlemek amacıyla sorulmuştur. Bu yöntemlerin belirlenmesi ile oluşturulan modele bu yöntemlerin kullanımını destekleyici özellikler eklenmiştir.

7. soru (b): Eğer varsa kullandığınız diğer yöntemleri yazınız.

4.1.4 İşbirliği Sorunları ve Beklentileri

Bu bölüm, işbirliği sorunları ve beklentileri hakkında katılımcılardan bilgi edinebilmek amacıyla hazırlanmıştır.

1.soru: Bir işbirliği sürecinde karşılan sorunları önem sırasına göre sıralayınız.

Bu soru, bir işbirliği sürecinde karşılaşılan en büyük problemi belirlemek amacıyla hazırlanmıştır. Bu soruya verilen yanıtların değerlendirilmesi sonucu, oluşturulan modele bu problemi ortadan kaldırmaya yönelik özellikler eklenmiştir.

2. soru (a): Tasarımda işbirliği yapmak için kullanılan yazılımların avantajlarını önem sırasına göre sıralayınız.

Bu soru, tasarımda işbirliği yapmak için kullanılan yazılımların avantajlarını belirlemek amacıyla hazırlanmıştır. Bu soruya verilen yanıtların değerlendirilmesi sonucu, hangi avantajların önem kazandığı ortaya çıkmış ve oluşturulan modele bu avantajları göz önüne alan özellikler eklenmiştir.

2. soru (b): Tasarımda işbirliği yapmak için kullanılan yazılımların dezavantajlarını önem sırasına göre sıralayınız.

Bu soru, tasarımda işbirliği yapmak için kullanılan yazılımların dezavantajlarını belirlemek amacıyla hazırlanmıştır. Bu soruya verilen yanıtların değerlendirilmesi sonucu, hangi dezavantajların daha ön planda olduğu ortaya çıkmış ve oluşturulan modele bu dezavantajları ortadan kaldırmaya yönelik özellikler eklenmiştir.

3.soru (a): Geleneksel işbirliği sürecinin avantajlarını önem sırasına göre sıralayınız.

Bu soru, geleneksel işbirliği sürecinin avantajlarını belirlemek amacıyla hazırlanmıştır. Bu soruya verilen yanıtların değerlendirilmesi sonucu, hangi avantajların önem kazandığı ortaya çıkmış ve oluşturulan modele bu avantajları göz önüne alan özellikler eklenmiştir.

3.soru (b): Geleneksel işbirliği sürecinin dezavantajlarını önem sırasına göre sıralayınız.

Bu soru, geleneksel işbirliği sürecinin dezavantajlarını belirlemek amacıyla hazırlanmıştır. Bu soruya verilen yanıtların değerlendirilmesi sonucu, hangi dezavantajların daha ön planda olduğu ortaya çıkmış ve oluşturulan modele bu dezavantajları ortadan kaldırmaya yönelik özellikler eklenmiştir.

4.2 Anket Sonuçlarının Değerlendirmesi

Anket formları ABBYY firmasının üretmiş olduğu FlexiCapture yazılı aracılığı ile hazırlanmış ve belirlenen üç tasarım ofisine gönderilmiştir. Sonuçlar, FlexiCapture yazılımı ile okutulmuş ve elde edilen veriler MySQL veritabanına ODBC (Open Database Connectivity) aracılığı ile aktarılmıştır. SPSS yazılımı ile veritabanına ODBC ile bağlanılarak sorulara verilen cevapların histogramları hesaplanmıştır. Anket sonuçlarının değerlendirilmesi, MS Excel kullanılarak hazırlanan değerlendirme tabloları aracılığıyla yapılmıştır. Her sorunun değerlendirme tablosunun altında gerekli açıklamalar verilmiştir. Anket sonuçları yüzde (%) olarak değerlendirilmiştir.

4.2.1 Uygulama Alanının Tanımı

1) Anketin uygulandığı tasarım ofislerinde, ağırlıklı olarak özel sektöre ait projeler tasarlanmaktadır. Her tür yapının tasarlanma oranı %44, kamu yapılarının tasarlanma oranı %6'dır (Çizelge 4.1).

2) Anketin uygulandığı tasarım ofislerinde, %38 oranında, 1000m2 ve üstü büyüklükte yapılar üzerinde çalışılmaktadır. %13 oranında, 1000-5000 ve 5000-10000 metrekare büyüklükte yapılar üzerinde çalışılmaktadır (Çizelge 4.2).

3) Çok sayıda (10 adet ve üzeri) proje üzerinde çalışma oranı %37'dir. 1-5 arası proje üzerinde çalışma oranı %33, 5-10 arası proje üzerinde çalışma oranı ise, %17'dir (Çizelge 4.3).

4) Anketin uygulandığı ofislerde, 10 kişi ve üzerinde mimar veya mühendis olma oranı %47'dir. 1-8 kişi arası mimar veya mühendis olma oranı %29, 9-10 arası mimar veya mühendis olma oranı %24'dür (Çizelge 4.4).

5) İnşaat, iklimlendirme, elektrik vb. projeler %71 oranında anketin uygulandığı ofislerin kendi içinde hazırlanmaktadır. %29 oranında ise, başka firmalarda hazırlanmaktadır (Çizelge 4.5).

6) Katılımcıların yarısı ofislerinde inşaat, iklimlendirme, elektrik vb. projelerinin hazırlandığı ilgili bölümlerinin bulunmadığını ifade etmektedir.

7) Katılımcıların %88'i beraber çalıştıkları ulusal/uluslararası partnerleri olduğunu belirtmektedir. %12'sinin ise ulusal/uluslararası partneri bulunmamaktadır (Çizelge 4.6).

Çizelge 4.1 Ankete katılanların tasarladığı yapı türleri

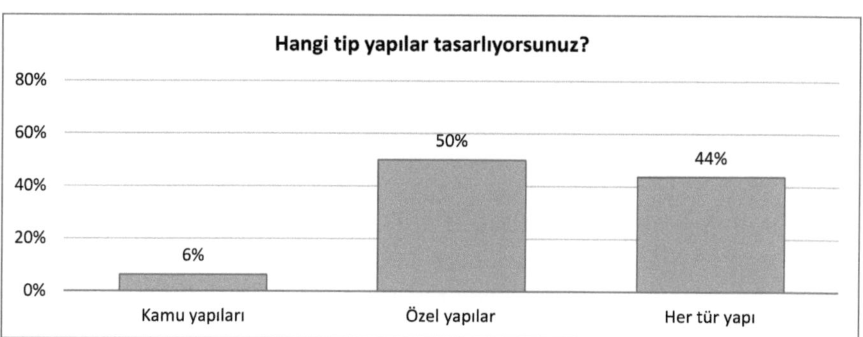

Çizelge 4.2Ankete katılanların tasarladıkları yapı büyüklükleri

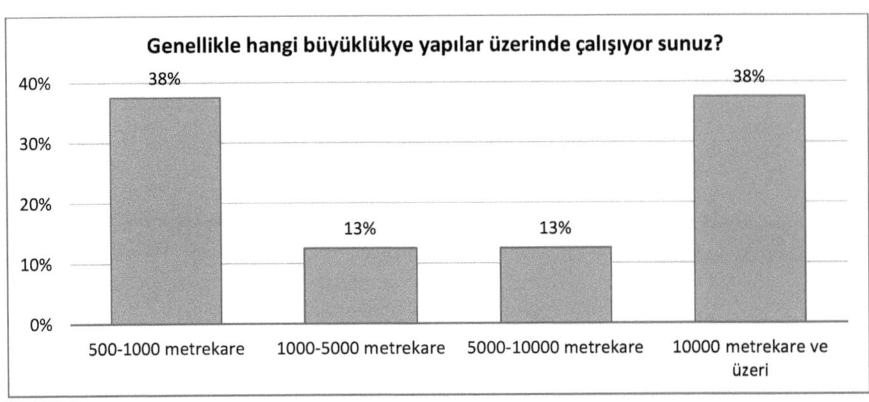

Çizelge 4.3 Ankete katılanların şu anda çalıştıkları proje sayıları

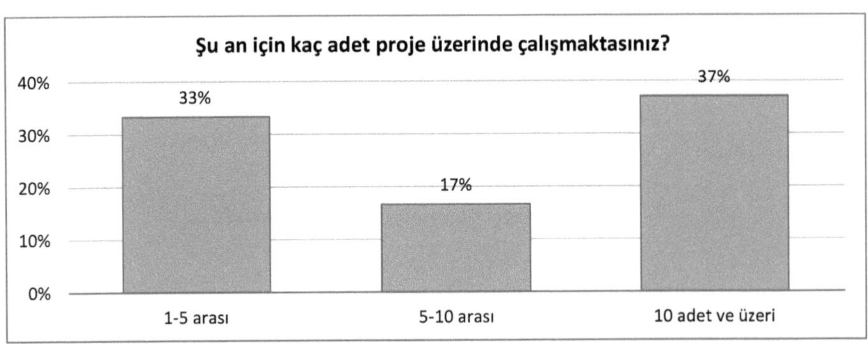

Çizelge 4.4 Anket yapılan ofislerde çalışan mimar ve mühendis sayıları

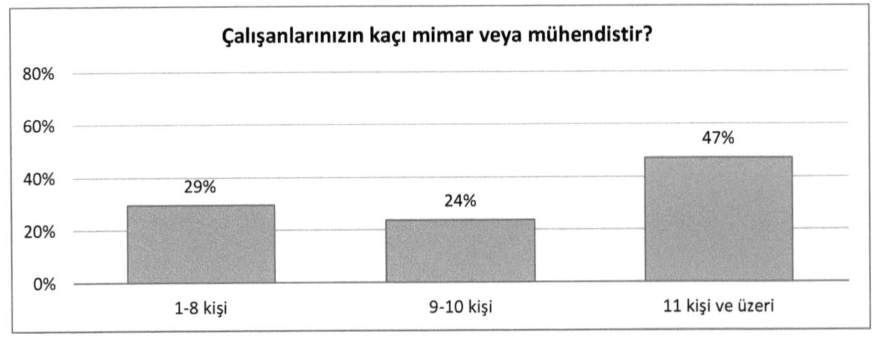

Çizelge 4.5 inşaat, iklimlendirme, elektrik vb. projelerinin hazırlandığı ofis

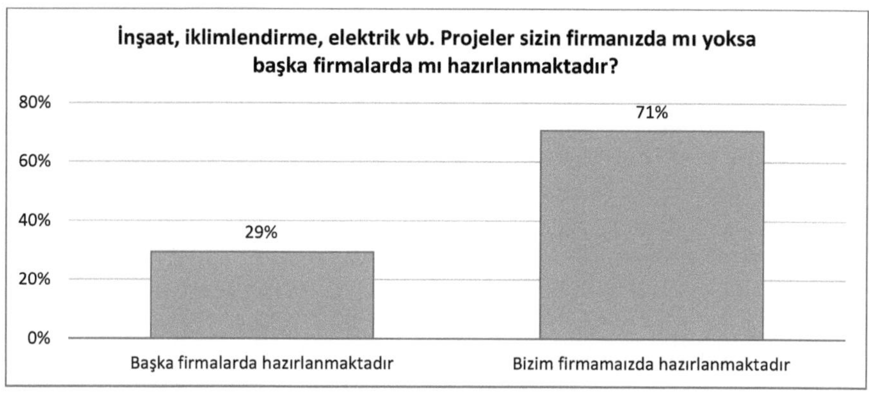

Çizelge 4.6 Anket yapılan ofislerin beraber çalıştıkları partner ofisleri

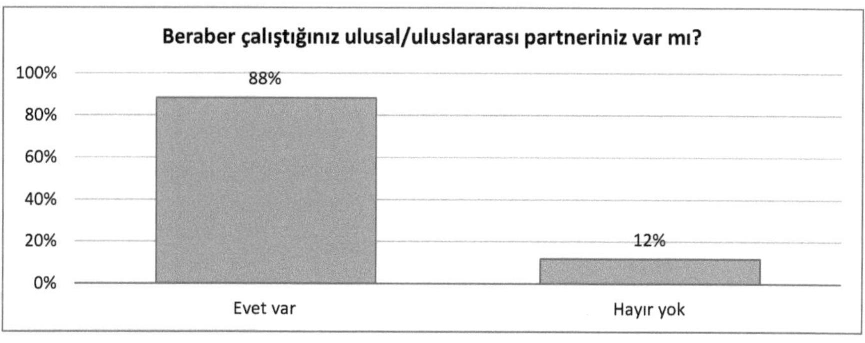

4.2.2 Tasarım Sürecinin Tanımı ve Sorunları

Tasarım sürecinin tanımı

Katılımcılar tasarım sürecini şu şekilde tanımlamışlardır:

1) "Amaç mevcut olanaklar, mevcut para ve zaman faktörlerinin harmanlanması"
2) "Bir projenin fikirden uygulamaya geçiş süreci"
3) "Bireysel kararların kısıtlı bir süre içerisinde alınma sürecidir"
4) "Farklı disiplinlerin fikirlerini paylaştığı ortak çalışma alanıdır"
5) "Hedeflenen fikrin ihtiyaç ve genel özelliklerinin analizinin ardından çeşitli geliştirme önerileri ile test edilerek sonuçlandırılacak aşamalar bütünlüğüdür"
6) "Hem bireysel hem de ekip çalışması gerektiren farklı aşamalara sahip bir yaratıcılık süreci"

7) “Her ölçek ve nitelikte ölçütlerin birbiri ile uyumunu keşfetme sürecidir”
8) “Karar alma sürecidir”
9) “Leke çalışması, genel geometrinin belirlenmesi, mahal listesi oranların ve mekânlar arası ilişkilerin belirlenmesi, ön ölçülerin ve ön proje için gerekli çizimlerin hazırlanması, tasarımın netleştirilmesi, uygulama projesi için kütle maketlerinin yapılması”
10) “Mimari ofis önderliğinde çeşitli farklı disiplinlerden aktörlerin aktif bir biçimde yer aldığı lineer olmayan etkileşimli bir süreç”
11) “Tanımlama, özellik belirleme, geliştirme, uygulama”
12) “Tasarım süreci hiç bitmeyecek bir yapbozun mümkün olan en çok parçasını bir araya getirme çabasıdır”
13) “Tasarım süreci belirli bir arsa üzerinde gerçekleştirilecek belirli bir bina türü için yatırım fizibilite ekibimizin öncülüğünde geliştirilen bina programının oluşturulması ile başlar”
14) “Tüm grupların ortak çalıştığı çizimden üretime kadar olan süreç”
15) “Zihinde beliren fikri somut ve paylaşılabilir bir dilde yeniden üretmektir”

Tasarım sürecinde yaşanılan aksaklıklar

Katılımcılar tasarım sürecinde yaşanılan aksaklıkları şu şekilde belirtmişlerdir:

1) “Alınan kararlardaki yanlışlar sebebiyle ileri gelmektedir”
2) “Diyalog eksikliği bilgi eksikliği”
3) “Farklı disiplinlerin çatışmasından doğan fikir ayrılıkları”
4) “Farklı disiplinler arası iletişim bozukluğu, tasarımda ortak dil eksikliği”
5) “Kararsızlıklar ve belirsizlikler”
6) “Kişilere özgü kararların birbirleriyle çakışmaması”
7) “Kontrol ve koordinasyon eksikliği”
8) “Koordinasyon eksikliği, bireysel çalışma, zayıf tasarımcı ile çalışma, bilgi paylaşmama”
9) “Koordinasyon eksikliği, yatırımcının ne istediğini bilmemesi”
10) “Ortak paylaşım sorunları”
11) “Öncelikli sorun doğru veri ve bilgi aktarımının sağlanamamasından kaynaklanan iletişim kopukluğu”
12) “Sorun çözebilme eksikliği”
13) “Verilerin paylaşımında yaşanan sorunlar süreci etkilemektedir. Farklı kentlerde kurulan işbirliği süreçlerinde dosya paylaşımı gerekmekte ve özen gösterilmediğinde ekipler arasında uyumsuzluk olmakta ve enerji/zaman kaybı olmaktadır”
14) “Zihindeki kavramsal ve imgesel durumların doğru ve hızlı bir bicimde yazıya veya kâğıda ortak ve anlaşılır biçimde dönüşmemesi”

Yaşanan sorunların analizi

Katılımcıların %61’i tasarım sürecinde yatırımcı veya danışmanlık şirketi ile sorunlar yaşadıklarını, %39’u ise sorun yaşamadıklarını belirtmektedir (Çizelge 4.7). En önemli sorun olarak iletişim kopukluğu/eksikliği görülmektedir. Ardından sırasıyla, tasarım kararlarında anlaşmazlıkların olması, veri paylaşımında yaşanan aksamalar ve yazılımların birbirlerine uyumlu olmaması sorunları gelmektedir (Çizelge 4.8).

Katılımcıların %56'sı tasarım sürecinde yüklenici firmalar ile sorun yaşadıklarını, %44'ü ise sorun yaşamadıklarını belirtmektedir. En önemli sorun (%39 oranında) kullanılan yazılımların birbirlerine uyumlu olmamasıdır (Çizelge 4.9). Ardından sırasıyla veri paylaşımında yaşanan aksamalar, iletişim kopukluğu/eksikliği, üretim sürecinin verimli olarak takip edilememesi gelmektedir (Çizelge 4.10).

Katılımcıların %59'u tasarım sürecinde ilgili bakanlık ve/veya belediye ile sorunlar yaşadıklarını, %41'i ise sorun yaşamadıklarını belirtmektedir (Çizelge 4.11). En önemli sorun (%37 oranında) farklı yazılımların kullanılmasıdır. Ardından, veri paylaşımında yaşanan aksamalar, ilgili yönetmeliklerin uygulanmasındaki yetersizlikler ve bürokratik işlemlerin uzun sürmesi sorunları gelmektedir. En önemli sorun olarak (%33 oranında) kullanılan yazılımların birbirleri ile uyumlu olmaması belirtilmektedir. Ardından sırasıyla, veri paylaşımında yaşanan aksamalar, iletişim kopukluğu/eksikliği ve kararların alınmasında yaşanan anlaşmazlıklar sorunları gelmektedir (Çizelge 4.12).

Çizelge 4.7 Tasarım sürecinde yatırımcı veya danışmanlık şirketi ile sorun yaşama

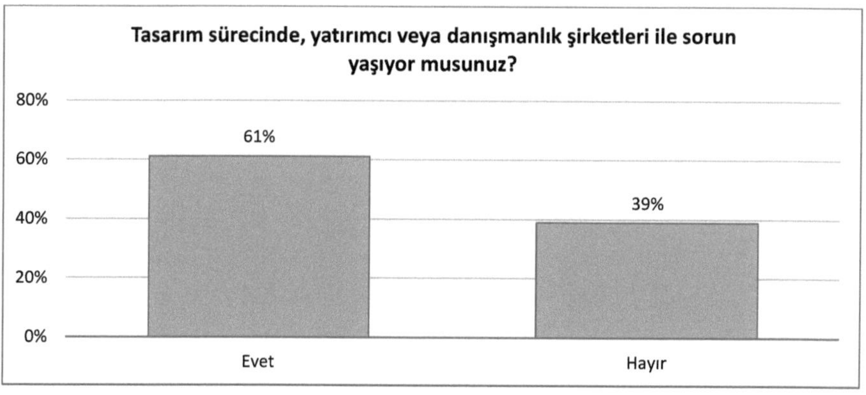

Çizelge 4.8 Tasarım sürecinde, yatırımcı veya danışmanlık şirketleri ile sorun yaşama

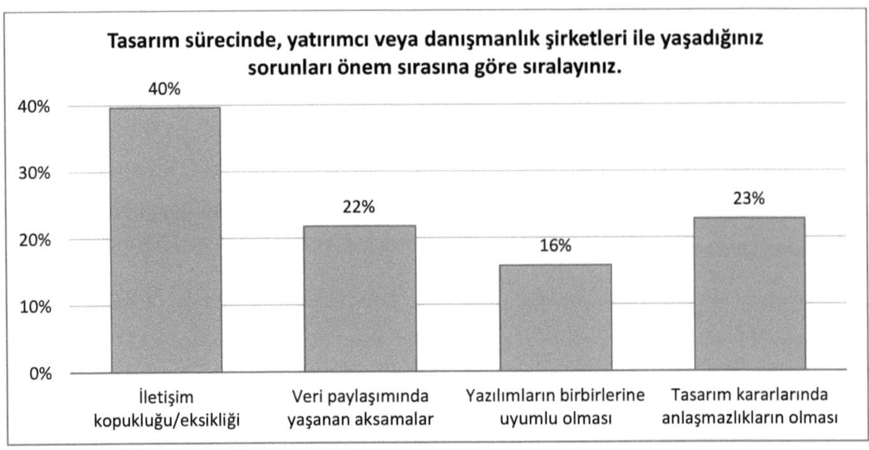

Çizelge 4.9 Tasarım sürecinde yüklenici firma ile sorun yaşama

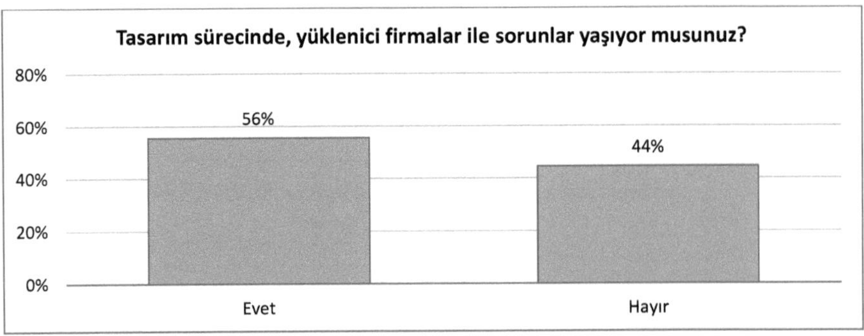

Çizelge 4.10 Tasarım sürecinde yüklenici firmalar ile yaşanan sorunlar

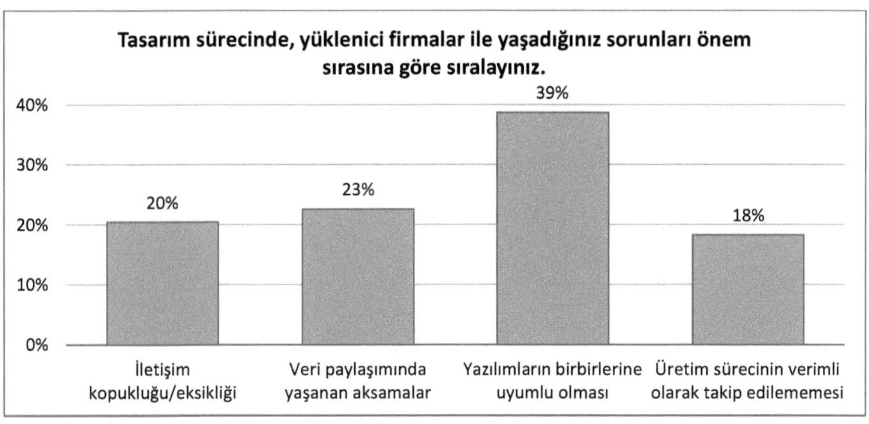

Çizelge 4.11 Tasarım sürecinde ilgili bakanlık ve/veya belediye ile sorun yaşama

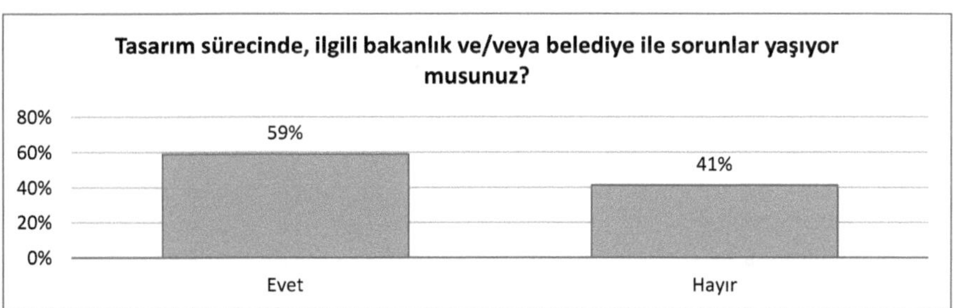

Çizelge 4.12 Tasarım sürecinde ilgi bakanlık ve/veya belediye ile yaşanan sorunlar

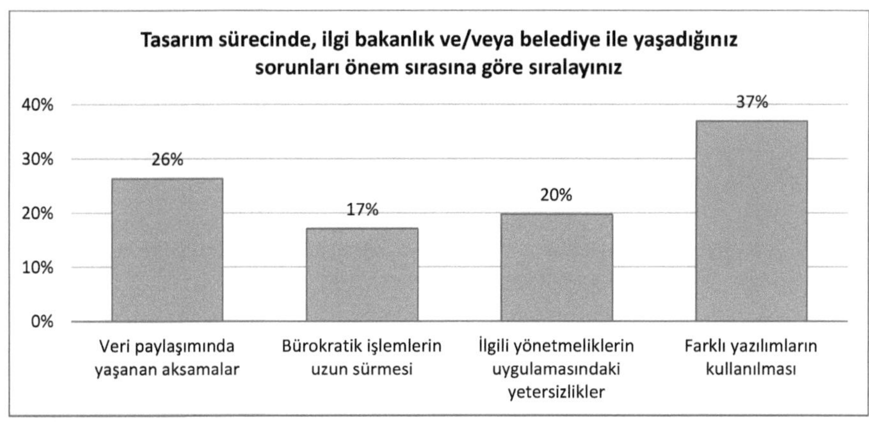

Çizelge 4.13 Tasarım sürecinde çalışma ortakları ile yaşanan sorunlar

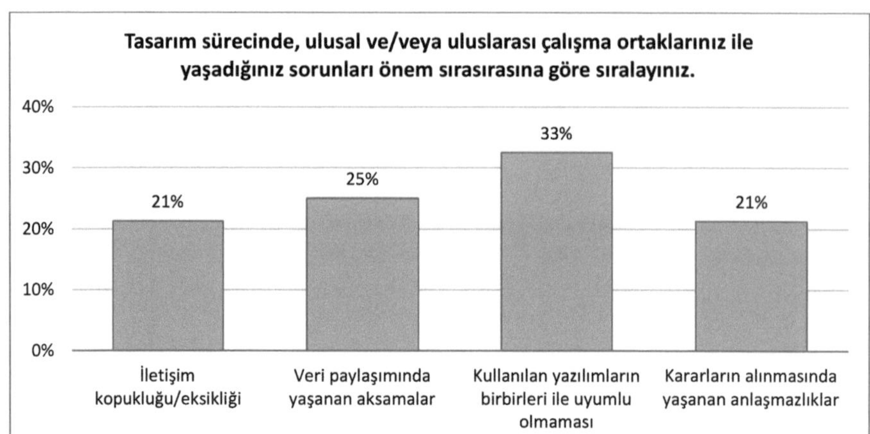

4.2.3 Tasarımda İşbirliğinin Tanımı

Tasarımda işbirliğinin tanımı

Katılımcıların bazıları bu soruyu şu şekillerde cevaplamıştır:

1) "Aynı amaç için beraber hareket etmek"
2) "Belli bir projenin farklı aşamalarının çalışanların yetilerine göre paylaşılarak tamamlanması"
3) "Beraber çalışma"
4) "Bilgi paylaşımı ve koordinasyon"
5) "Bireysel olduğu kadar bütünselliği destekleyen çalışma biçimi. Ortak amaç çevresinde toplanan farklı zihinlerin güç oluşturması"
6) "Diğer disiplinlerin amacından haberdar olmak"
7) "Farklı disiplinlerin bilgi ve deneyimlerini zamanında tasarıma aktararak tasarım sürecinde aktif bir şekilde yer alması işbirliğini doğurur"
8) "İş yapım süresini kısaltacak işbirlikleridir"
9) "Koordinasyon işlerin zamanında ilerlemesi"
10) "Ortak bir perspektifte tasarım sürecini sürdürmektir"
11) "Tasarım süreci ilk evresinden yapının uygulandığı son evreye kadar işveren/yatırımcı, tasarımcı, uygulamacı birey ve ekiplerin işbirliği üzerine kuruludur. Süreç farklı alanda bilgi sahibi uzmanların bir arada çalışması ile şekillenmektedir"
12) "Tasarım sürecindeki elemanların senkronize fikir ve katılımlarla herhangi bir tasarımın içinde yer alması / alabilmesi"
13) "Tasarımda işbirliği ortak karar alma mekanizmasıdır"

14) "Tasarlama sırasında rol alan aktörlerin (ekip yürütücüsü- ekip - müşteri gibi) üretim ve tasarım sırasındaki her türlü fikir ve bilgi paylaşımı ve ortak çalışma ortamı"

15) "Tüm grupların beraber ve uyum içimde hareket etmesi bütünleşik tasarım"

16) "Tüm grupların beraber çalışması uyum"

17) 3.Bölüm: 2. Soru: Ofisinizde tasarım kararları işbirliği ile mi alınmaktadır?

18) Katılımcıların %65', tasarım kararlarının işbirliği ile alındığını, %35'i ise bireysel olarak alındığını belirtmektedir.

19) 3.Bölüm: 3. Soru: 2. soruya verdiğiniz cevap evet ise, bu kararı kim veya kimler almaktadır?

20) Katılımcılar, anketin uygulandığı tasarım ofislerinde, tasarım kararlarının ekip olarak alındığını (%60 oranında) belirtmektedir. Ardından sırasıyla, yönetim kurulu, proje müdürü, müşteri gelmektedir.

3.Bölüm: 4. Soru: Tasarımda işbirliği yapmak için özel bir yazılım kullanıyor musunuz?

İşbirliği yöntemleri

Katılımların hiçbiri, özel bir işbirliği yazılımı kullanmamaktadır. Dolayısıyla, ankete katılan ofislerde özel bir işbirliği yazılımı kullanılmamaktadır.

Katılımcılar, tasarımda işbirliği yaparken en fazla (%28 oranında) telefon ile görüşme yöntemini kullanmaktadır (Çizelge 4.16). Ardından sırasıyla, yüz yüze görüşme veya toplantı, e-posta ile bilgi paylaşımı, Internet üzerinden yazılı görüşme yöntemleri gelmektedir.

Katılımcılar, eşit ağırlıklı olarak (%27 oranında) e-posta ve CD/DVD ile veri paylaşımı yöntemlerini kullandıklarını belirtmektedir (Çizelge 4.17). Ardından sırasıyla, Internet üzerinden dosya paylaşımı ve basılı paftalar ile veri paylaşımı yöntemleri gelmektedir.

Çizelge 4.14 Ankete katılan ofislerde işbirliği ile alınan tasarım kararları

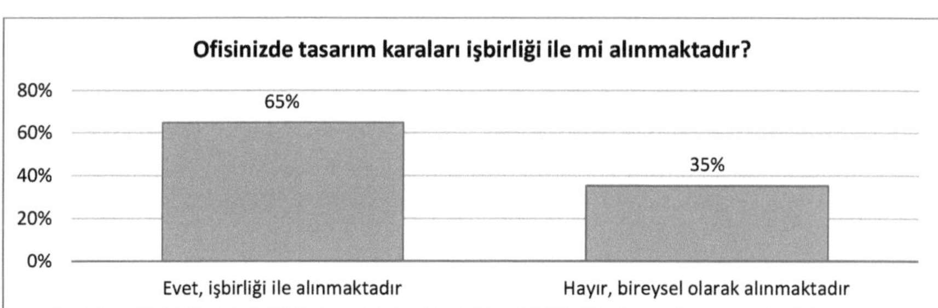

Çizelge 4.15 Ankete katılan ofislerde tasarım kararlarına katılanlar

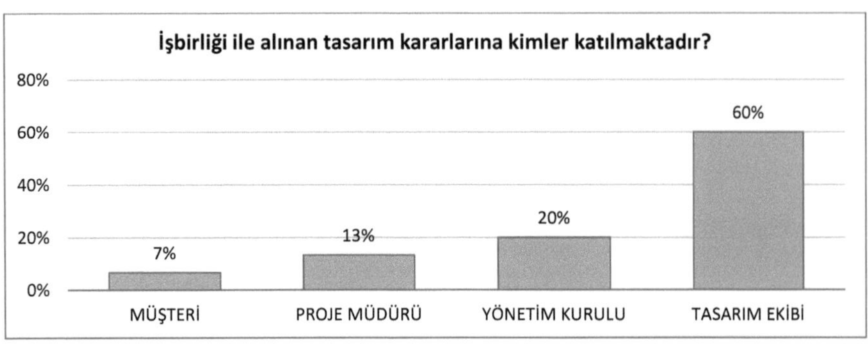

Çizelge 4.16 İşbirliği yapmak için kullanılan yöntemler

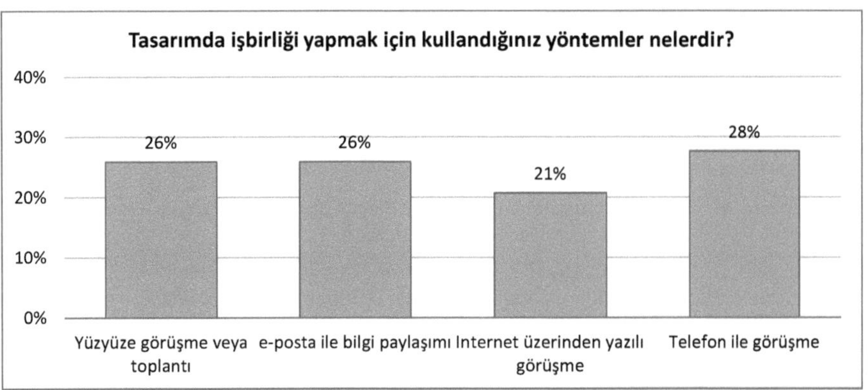

Çizelge 4.17 Veri paylaşımı için kullanılan yöntemler

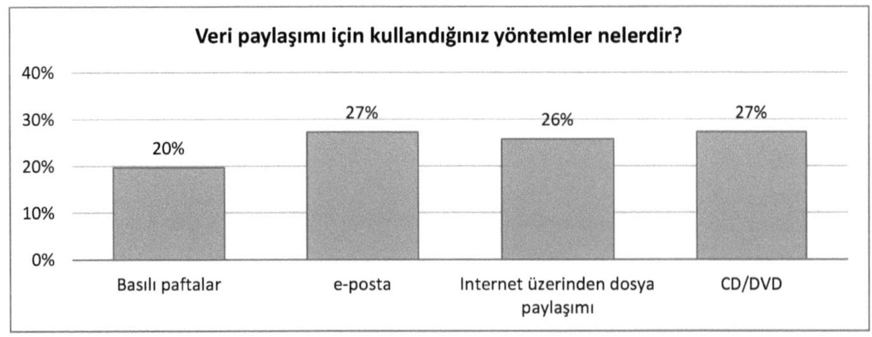

4.2.4 İşbirliği Sorunları ve Beklentileri

İşbirliği sürecinde karşılaşılan sorunlar

Katılımcılar, bir işbirliği sürecinde karşılaşılan en önemli sorunun kullanılan yazılımların yetersiz bilgiler ile kullanılması olduğunu belirtmektedir (Çizelge 4.18). Ardından sırasıyla, kullanılan yazılımların uyumsuzluğu, veri paylaşımı sorunları ve iletişim sorunları gelmektedir.

Çizelge 4.18 İşbirliği sürecinde karşılaşılan sorunlar

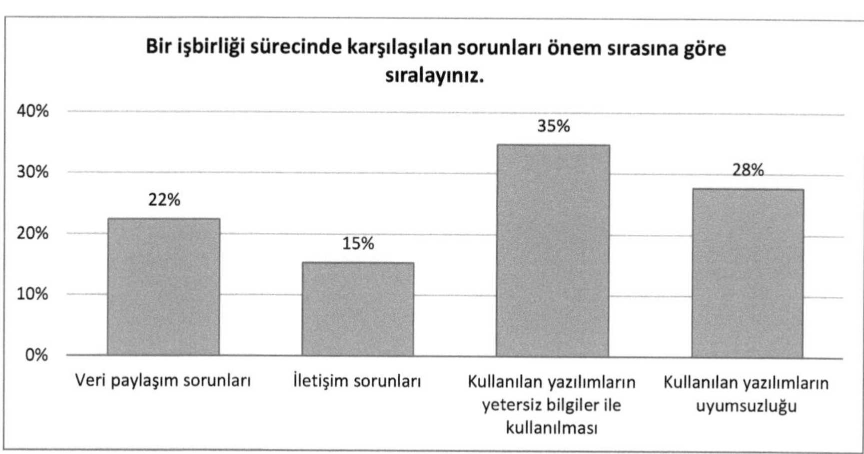

Tasarımda işbirliği için kullanılan yazılımların avantajları ve dezavantajları

Katılımcılar, tasarımda işbirliği için kullanılan yazılımların en önemli avantajının karar almayı kolaylaştırması olduğunu belirtmektedir. Ardından sırasıyla, tasarım sürecinin ilerleyişini hızlandırması, hata yapma oranını azaltması ve kontrollü veri paylaşımı gelmektedir (Çizelge 4.19). Katılımcılar, tasarımda işbirliği için kullanılan yazılımların en önemli dezavantajının, farklı yazılımların kullanılmasından doğan uyumsuzlar olduğunu belirtmektedir. Ardından sırasıyla, ilk kurulum maliyetinin yüksek olması, öğreniminin zor olması, kullanımının karışık olması sorunları gelmektedir (Çizelge 4.20).

Çizelge 4.19 Tasarımda işbirliği için kullanılan yazılımların avantajları

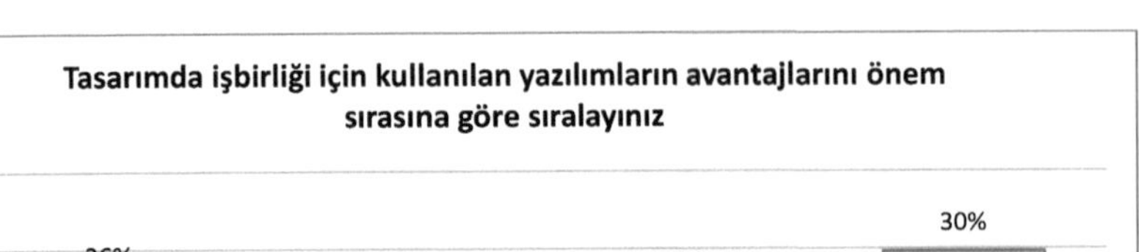

Çizelge 4.20 Tasarımda işbirliği için kullanılan yazılımların dezavantajları

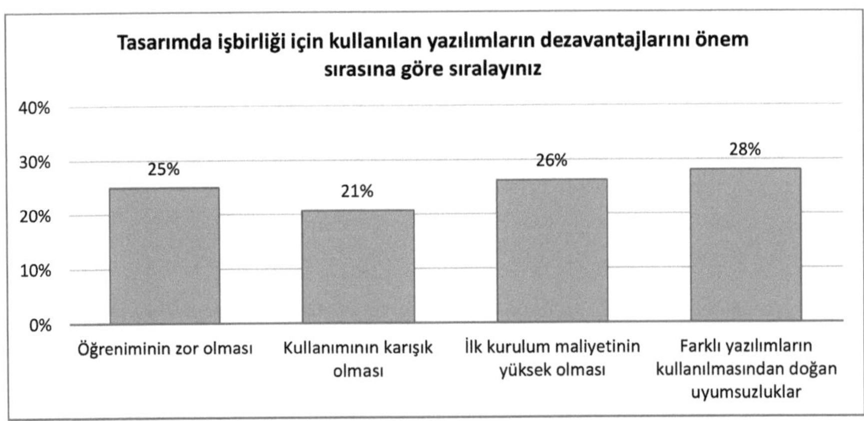

Geleneksel işbirliği sürecinin avantajları ve dezavantajları

Katılımcılara göre geleneksel işbirliği sürecinin en önemli avantajı, ilk kurulum maliyetinin olmamasıdır. Ardından sırasıyla, herhangi bir eğitim almadan uyum sağlanabilmesi, insan ilişkilerinin avantajını kullanabilmek ve yüz yüze görüşme ile kararların daha hızlı alınabilmesi gelmektedir (Çizelge 4.21).

Katılımcılar tarafından, geleneksel işbirliği sürecinin en önemli dezavantajı olarak, daha fazla çalışma gerektirmesi belirtilmiştir. Ardından sırasıyla, hata yapma oranının yüksek olması, güvensiz veri paylaşımı ve tasarım sürecinin ilerleyişini yavaşlatması gelmektedir (Çizelge 4.22).

Çizelge 4.21 Geleneksel işbirliği sürecinin avantajları

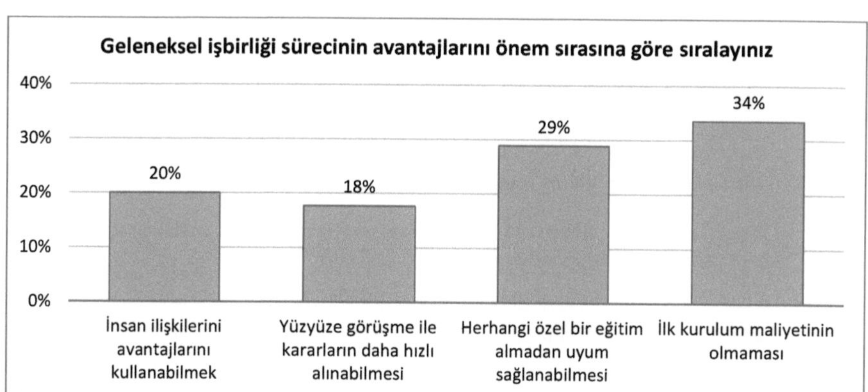

Çizelge 4.22 Geleneksel işbirliği sürecinin dezavantajları

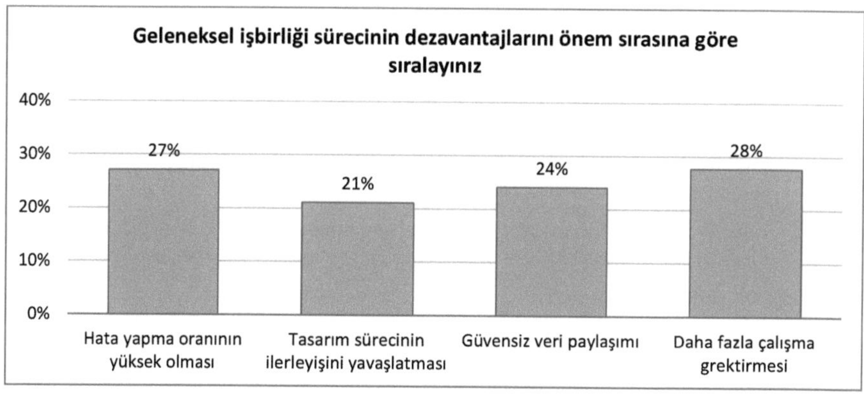

4.3 Anket Sonuçlarının Yorumlanması

Genel tespitler

Mevcut işbirliği ortamları üzerinde yapılan genel tespitler şu şekilde sıralanabilir:

1) MMÜ projeleri gerçekleştirilirken halen geleneksel tasarım yöntemleri kullanılmaktadır.
2) İşbirliği ve YBM kavramlarından yeteri kadar yararlanılmamakta, dolayısıyla bu kavramların yararlarının neler olduğu yeteri kadar bilinmemektedir.
3) MMÜ projelendirme sürecinde yaşanan sorunların en temelinde iletişim ve koordinasyon eksikliği vardır.
4) MMÜ projelendirme aşamasında yüz yüze görüşme, telefonla görüşme gibi geleneksel işbirliği yöntemleri halen sıklıkla kullanılmaktadır.

5) Herhangi bir özel eğitim almadan uyum sağlanabilmesi ve ilk kurulum maliyetinin olmaması geleneksel işbirliğinin avantajları olarak görülmektedir. Bu durum katılımcıların somut ve pratik yararları ön planda tuttuklarını göstermektedir.
6) Veri paylaşımında sayısal yöntemlerin kullanımı giderek artmakta, geleneksel yöntemlerin kullanımı ise azalmaktadır.

Katılımcıların genel düşünceleri

Katılımcıların işbirliği ortamı konusundaki genel düşünceleri şunlardır:

1) Gerçek bir işbirliği ortamı oluşturmak için daha fazla işgücü ve zaman ayrılması gerektiği konusunda farkındalık vardır.
2) Gerçek bir işbirliği ortamının getireceği avantajlar hakkında farkındalık vardır.
3) Geleneksel işbirliği ortamının sorunları hakkında farkındalık vardır.
4) Veri paylaşımı ve koordinasyonu ile ilgili sorunlar olduğu kabul edilmektedir.

Katılımcıların sorunları

Katılımcıların düşünce biçimleri ve çalışma yöntemleri ile ilgili sorunlar şu şekilde özetlenebilir:

1) Katılımcılar bilgisayar teknolojileri hakkında yeterli bilgiye sahip değildir.
2) Katılımcıların bir organizasyonun parçası olma, bir takım içinde çalışma ile ilgili düşünceleri yetersizdir.
3) Bilgi eksikliği ve bireysel karar almada ısrar/beraber çalışmaya direnme önemli bir mesleki sorun olarak ortaya çıkmaktadır.
4) Sonuç ürüne odaklı çalışmak yerine, günlük ve mevcut duruma yönelik çözümler üzerinde çalışmak şeklinde pratik yarar sağlayan çalışma yöntemleri benimsenmiştir.

Tasarım sürecinin sorunları

Tasarım sürecinin katılımcıları arasındaki sorunlar:

1) Tasarım sürecinin tüm katılımcıları arasında (mimar, mühendis, yüklenici, yatırımcı, danışman, bakanlık, belediye vb.) ortak yazılım kullanımı ile ilgili sorunlar vardır. Bu sonuç, çalışmanın "Bir MMÜ projesinde gerçek anlamda işbirliği sağlamak için, yapı bilgi modelinin oluşturulması yeterli değildir" savını desteklemektedir. Çünkü, katılımcıların birlikte hareket edebileceği, katılımcılar ve sürecin kendisi arasında verinin entegrasyonunu sağlayan bir **çalışma ortamı** da olmalıdır.
2) Tasarım sürecinin tüm katılımcıları arasında (mimar, mühendis, yüklenici, yatırımcı, danışman, bakanlık, belediye vb.) iletişim ile ilgili sorunlar vardır. Bu sonuç, çalışmanın savını destekler niteliktedir. Çünkü katılımcıların ortak çalışma ortamına ulaşmasına yardımcı olan bir **iletişim platformu** (Internet, Intranet, Sanal Ağ vb.) olmalıdır.
3) Tasarım sürecinin tüm katılımcıları arasında (mimar, mühendis, yüklenici, yatırımcı, danışman, bakanlık, belediye vb.) veri paylaşımı ve koordinasyonu ile ilgili sorunlar vardır. Bu sonuç, çalışmanın savını destekler niteliktedir. Çünkü **Veri paylaşımının koordinasyonu** gerçekleşmeli ve bu amaçla katılımcılar arasında hiyerarşik bir düzenleme yapılmalıdır.

4.4 Bölüm Sonucu

Bu bölüm, geliştirilen işbirliği ortamı önerisine veri sağlamak ve gerçek bir işbirliği ortamının sorunlarını ve beklentilerini belirlemek için gerçekleştirilen alan çalışmasını, verilerin analizini, değerlendirilmesini ve yorumlanmasını içermektedir.

Bu bölümden elde edilen genel sonuçlar şu şekilde özetlenebilir:

- Geleneksel işbirliği yöntemleri halen kullanılmaktadır.
- Sayısal veri paylaşımı, YBM, işbirliği kavramları bilinmekle birlikte, yeteri kadar kullanılmamaktadır.
- Sayısal veri paylaşımı, YBM, işbirliği kavramları tanım olarak bilinmekte ancak özümsenmemektedir.
- Gerçek bir işbirliği ortamı oluşturmanın önemi anlaşılmakla birlikte, uygulamada ayrılması gereken zaman, kullanılması gereken işgücü ve ilk yatırım maliyeti sayısal yöntemlerinin kullanılmasının önündeki engellerdir.
- Tasarım sürecinin katılımcıları arasında pek çok sorun bulunmakla birlikte, sorunlarla ilgili farkındalığın olup olmadığı tartışmalıdır.

Gelecek bölümde, tasarımda çok katılımcılı işbirliği için geliştirilen öneri sunulmaktadır. Alan çalışmasından elde edilen veriler, gerçek bir işbirliği sürecinin beklentilerine cevap verebilecek bir öneri geliştirmek adına gelecek bölümde kullanılmıştır.

5. Tasarımda Çok Katılımcılı İşbirliği Ortamı İçin Geliştirilen Öneri

Bir yapının tasarımı, yapımı ve yönetimi karmaşık bir süreç olup, katılımcılar arasında işbirliğinin başarılı bir şekilde gerçekleşmesi sürecin sağlıklı bir şekilde ilerlemesi açısından önemlidir. Başarılı bir işbirliği yapabilmek için en önemli ölçüt katılımcılar arasında veri paylaşımının verimli bir şekilde gerçekleşmesidir. Geliştirilen işbirliği ortamı önerisi veri paylaşımında verimliliğin sağlanmasını hedeflemektedir.

5.1 Tasarımda Çok Katılımcılı İşbirliği Ortamı Önerisinin Gerekliliği

Günümüzde tasarım ofislerinde kullanılan iletişim yöntemleri (dosya paylaşımı, çeşitli şekillerde yapılan görüşmeler vb.) katılımcılar arasında oluşabilecek iletişim hatalarını azaltmak açısından önemlidir. Büyük ölçekli projelerde verilerin bir yapı modeli aracılığıyla paylaşılması, iletişim hatalarını azaltmak ve veri koordinasyonunu sağlamak açısından artık bir gereklilik olmuştur.

2B BDT uygulamalarında mümkün olan tek iletişim yöntemi, tüm belgelerin ayrı ayrı dosyalar olarak saklanmasıdır. Bu yöntemin en önemli avantajı esnekliğidir. Katılımcılar, ayrı dosyalar üzerinde eşzamanlı olarak çalışabilmektedir. Bu yöntemin dezavantajı ise, veri koordinasyonunun çok sınırlı olmasıdır. Bu şekilde veri paylaşımı yapmak yerine, günümüzde ağırlıklı olarak işbirliği yazılımları kullanılmaktadır.

İncelenen işbirliği çözümleri (Constructware, Citadon, ebuilder Collaborator, Meridian ProjectTalk, PrimeContract), dosya sunucusu teknolojisi üzerine kuruludur. Bu sistemde projeler merkez sunucuda saklanmakta ve katılımcılar bu merkezden oluşturdukları kopya dosyalar üzerinde çalışmaktadır (Şekil 5.1). Bu sistem, geleneksel kâğıt tabanlı iş akışı düşüncesi (paper-based workflow) üzerine kuruludur. Projede yapılacak her türlü değişiklik tüm dosyaların indirilmesini, güncellenmesini ve sisteme yüklenmesini gerektirmektedir.

Alan çalışmasında uygulanan anketin sonuçları göstermiştir ki, günümüzde mimarlık firmalarında giderek artan seviyede işbirliği gereklilikleri ortaya çıkmıştır. Geleneksel işbirliği ortamının sorunları bilinmekte, gerçek bir işbirliği ortamının avantajları olacağı kabul edilmektedir. Ayrıca gerçek bir işbirliği ortamı oluşturmak için daha fazla işgücü ve zaman ayrılması gerektiği konusunda farkındalık vardır. Küçük ofisler, Internet üzerinden ve herhangi bir özel eğitime ihtiyaç duyulmaksızın işbirliği yapmayı tercih etmektedir. Orta ölçekli ofisler ise, işbirliğini yine herhangi bir özel hazırlık yapmadan gerçekleştirmeyi hedeflerken, herhangi bir özel eğitimin gerekli olmadığı konusunda yaygın bir düşünce vardır.

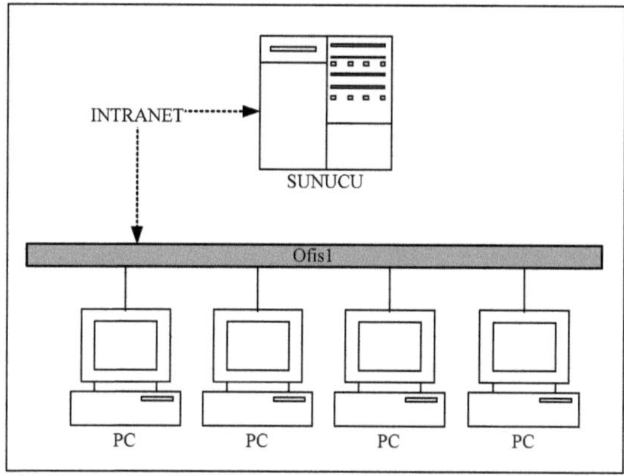

Şekil 5.1 Dosya temelli iletişim ortamı

Anket sonuçlarına göre, işbirliği ile ilgili en önemli sorunlar, iletişim ve veri koordinasyonunda yaşanan eksikliklerdir. Bu sorunlar, bir yapının yaşam döngüsünün her aşamasında görülebilmekte ve aşamalar arasındaki ilerlemeyi olumsuz yönde etkilemektedir. İşbirliğinde sayısal yöntemlerin önemi giderek anlaşılmakla birlikte, bu yöntemlerin öğrenilmesinin zorluğu ve ilk yatırım maliyetlerinin yüksek olması, uygulanma/kullanım oranlarının artmasına engel olmaktadır.

Anket sonuçlarına göre, işbirliği ortamının katılımcıları için ortamın kullanımının esnekliği, ortamın kullanımın kolaylığı ve ortama hızlı bir şekilde ulaşılabilmesi önem taşımaktadır. Geliştirilen işbirliği ortamı önerisinde bu özellikler göz önünde bulundurulmaya çalışılmıştır. Kullanımı ve ulaşımı kolay, katılımcıların gerekliliklerine cevap verebilen, istenilen verilere hızlı erişimi sağlayan bir öneri geliştirilmiştir.

5.2 Tasarımda Çok Katılımcılı İşbirliği Ortamı Önerisinin Altyapısı

Modelin teknik altyapısı, istemci-sunucu (client-server) teknolojisine dayalıdır. Bir YBM sunucusu ve istemci olarak bir BDT yazılımı aracılığıyla sistem çalışmaktadır. Sunucu, mevcut projenin güncel olarak tutulmasını sağlamaktadır. Katılımcılar kişisel bilgisayarlar ile çalışmakta ve sunucu ile BDT yazılımı arasındaki değişiklikleri düzenli olarak izleyebilmektedir.

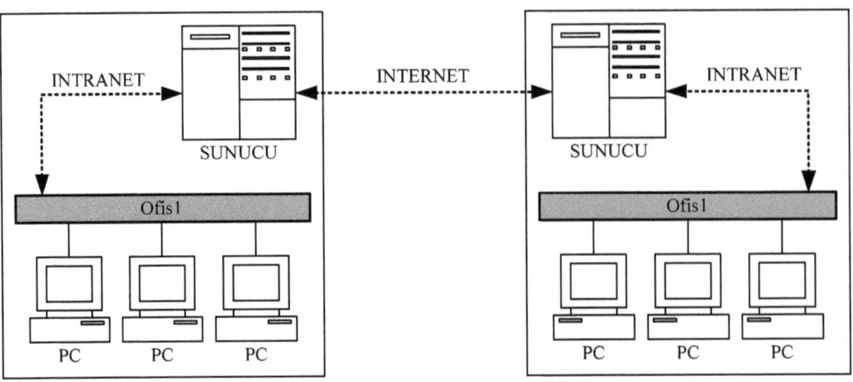

Şekil 5.2 Önerilen modelin teknik altyapısı

Anket sonuçlarına göre dosya temelli sistemler ile karşılaştırıldığında bu teknik alt yapının beklenen yararları şunlardır:

1) **Verimlilik**: Katılımcılar aynı proje üzerinde eş zamanlı olarak çalışabilmektedir.
2) **Organizasyon**: Çalışma alanları birbirine karışmamakta, bir katılımcı verilen bir proje elemanı üzerinde yalnız bir kez çalışabilmektedir. Çalışma alanları organizasyonu mevcuttur.
3) **Dosya temelli sistemler ile karşılaştırıldığında istemci-sunucu tekniği** sayesinde kullanıcılar aynı proje üzerinde eş zamanlı olarak çalışabilmektedir. Ayrıca, çalışma alanlarının koordinasyonu daha kolay yapılabilmektedir.

5.3 Tasarımda Çok Katılımcılı İşbirliği Ortamı Önerisinin Çalışma Yöntemi

Sayısal işbirliği/uzaktan erişimli işbirliği, MMÜ endüstrisinin çalışma olanaklarının gelişmesine katkıda bulunmakta, tasarım ve uygulama aşamaları arasında uyumlu bir çalışma sisteminin oluşmasını sağlamaktadır. Sayısal işbirliğinin başarılı bir şekilde gerçekleştirilmesi için, mevcut BDT programlarının ortak bir standarda göre veri paylaşımı ve değişimi yapması gerekmektedir. IFC, bu ortak standardı sunmaktadır.

IFC standardı, farklı BDT ortamlarının birlikte çalışmasını mümkün kılan bir yapı bilgi modeli sunmaktadır. Ancak, bir yapı bilgi modelinin oluşturulması, bir MMÜ projesinde gerçek anlamda işbirliği oluşturmak için yeterli değildir.

Önerilen işbirliği ortamı, IFC standardının alt yapısını kullanarak, işbirliği ortamının katılımcıları arasında eş zamanlı iletişim gerçekleştirilmesine dayanmaktadır. Bu eş zamanlı iletişim bir mesaj sistemi ile sağlanmakta olup, daha önce denenmemiş bir çalışma yöntemidir. Ayrıca, mevcut işbirliği ortamların göre daha az bilgi, donanım ve teknik altyapı gerektirmektedir.

Her türlü işbirliği (geleneksel veya sayısal) ortamında, verimli iletişim üretilebilirliği arttırmakta ve tasarım probleminin olası hatalarını azaltmaktadır. Bu modelin çalışma yöntemi, verimli ve kolay iletişimi desteklemektedir. Katılımcılar iletişim sırasında ortam içinde yer almıyorlarsa veya çevirim içi (online) değillerse, ortama eklenen mesajları online oldukları an görebilmektedir. Ortamın tüm mesaj fonksiyonları bir mesaj paneli aracılığıyla yönetilmektedir. Bu mesaj sisteminin en önemli özelliği, mesajların model elemanına eklenebilmesidir.

Önerilen işbirliği ortamı, yapıyı oluşturan elemanlara iletişim verilerinin eklenmesi üzerine kuruludur. Bu yöntemle, kullanıcılar arasında daha verimli bir işbirliği hedeflenmekte ve tasarım problemlerinin olası hatalarının azaltılması beklenmektedir.

IFC, yapı modelinin bilgisayar ortamında kaydedilmesi için geliştirilen açık kaynak kodlu bir veritabanıdır. Bu veri tabanı içinde, yapıyı oluşturan her tür eleman tanımlanabilmektedir. Ancak, işbirliği ortamına katılan farklı disiplinlerin ihtiyaç duyduğu çeşitliliği içeren tanımlamalar yapılamamaktadır. IFC içinde geliştirilen özellik setleri (IFCPropertySet) ile bu sorun aşılabilmektedir.

IFC özellik setleri, genel tanımlama yöntemlerinin yeterli olmadığı durumlarda kullanılmak için geliştirilmiştir. Farklı disiplinlerin özelleştirilmiş bilgi ihtiyaçlarını gidermek için gereklidir. Çizelge 5.1'de bir ürünün garanti süresi ile ilgili bilgilerin nasıl gösterildiği anlatılmaktadır.

Çizelge 5.1 Garanti süresi bilgilerini gösteren özellik seti

İsim	**Özellik Türü**	**Veri Türü**	**Tanım**
GarantiBilgisi	*IfcPropertySingleValue*	*IfcIdentifier*	Bir garantiye atanmış olan bilgi
GarantiBaşlangıçTarihi	*IfcPropertyReferenceValue*	*IfcCalendarDate*	Garantinin başlayacağı tarih.
GarantiBitişTarihi	*IfcPropertyReferenceValue*	*IfcCalendarDate*	Garantinin biteceği tarih

İsim	Özellik Türü	Veri Türü	Tanım
UzatılmışGaranti	*IfcPropertySingleValue*	*IfcBoolean*	Süresi normal garanti süresinden daha uzun bir garanti süresi mi olup (=DOĞRU) olmadığının (=YANLIŞ) işaretidir.
GarantiPeriyodu	*IfcPropertySingleValue*	*IfcTimeMeasure*	Üretici ve tedarikçinin bir ürünün performansını garantilediği süre.
İletişimNoktası	*IfcPropertyReferenceValue*	*IfcOrganization*	Garanti şartları doğrultusunda iletişime geçilecek olan organizasyon.
Garantiİçeriği	*IfcPropertySingleValue*	*IfcText*	Garantinin içeriği.
GarantiHarici	*IfcPropertySingleValue*	*IfcText*	Garantiye girmeyen veya garantiyi geçersiz kılan parça, durumlar veya davranışlar.

5.4 IFC'nin Depolama Yöntemleri

Farklı veri depolama ihtiyaçları için geliştirilen altı değişik yöntem bulunmaktadır:

Bağlı Değerli Özellik Seti (IfcPropertyBoundedValue):

En fazla iki (rakamsal veya tanımsal) değerin atanabileceği bir özellik tanımlamaktadır; ilk değer üst sınırı, ikinci değer alt sınırı belirtmektedir. Özellik ismi, ölçüm tipi ile üst değer sınırı, ölçüm tipi ile alt değer sınırının (ve isteğe bağlı olarak birimin) verildiği özellik değer sınırını en az ve en fazla olarak tanımlamaktadır. Sınırlı değerleri özellik seti ile tanımlamaya bir örnek Çizelge 5.2'de gösterilmiştir.

Çizelge 5.2 Sınırlı değerli özellik seti

İsim	**ÜstDeğer**	**AltDeğer**	**Veri Türü**	**Birim**
ToplamYükseklik	1930	2300	*IfcPositiveLengthMeasure*	-
ToplamGenişlik	0.9	1.25	*IfcPositiveLengthMeasure*	m
MaxHeight	20.0	<boş>	*IfcPositiveLengthMeasure*	-
MinWeight	<boş>	20	*IfcMassMeasure*	kg

Sayılan değerli özellik (IfcPropertyEnumeratedValue):

Özellik ismi ve ölçüm tipi belirtilmiş bir değer ile isteğe bağlı olarak birim ile belirten bir özellik ve değer birliği seti tanımlamaktadır. Özellik setinden birden çok seçim satırı desteklemektedir (Çizelge 5.3).

Çizelge 5.3 Sayılan değerli özellik seti

İsim	**Değer**	**Veri Türü**
KesmeYöntemi	Dairesel	*IfcString*
KesmeYöntemi,	Düz	*IfcString*

Referans değeri özelliği (IfcPropertyReferenceValue)

IFC'nin kaynak tanımları içinde diğer varlıkları kaynak göstererek bir özellik değerinin verilmesini sağlamaktadır. Bu diğer varlıklar, önceden tanımlanmış karmaşık özellikler olarak görülür ve özellik seti (IfcPropertySet) içinde kümelenebilirler. Değer kaynağı olarak kullanılabilir varlıklar IfcObjectReferenceSelect (IFC Nesne Referans Seçimi) tarafından verilir.

Sıralı liste değerli özellik (IfcPropertyListValue):

Sayısal veya tanımsal değer içeren sıralı liste özelliği tanımlamaktadır. Listedeki değerlerin sırası önemlidir ve listedeki değerler tekrar edememektedir. Ayrıca tüm liste üyeleri aynı veri türünde olmalıdır (Çizelge 5.4).

Çizelge 5.4 Liste değeri olan özelliğe örnekler

İsim	**Liste Değerleri**	**Veri Türü**	**Birim**
KullanılabilecekBoyutlar	1200	*IfcPositiveLengthMeasure*	-
-	1600	*IfcPositiveLengthMeasure*	-
-	2400	*IfcPositiveLengthMeasure*	-

Tablo biçiminde veri özelliği (IfcPropertyTableValue):

İki kolonlu tablo belirten değerler olan özelliktir. Tanımlayan değerler, ilk sütunda, tanımlanmış değerler ikinci sütunda yer alır (Çizelge 5.5).

Çizelge 5.5 IfcPropertyTableValue (Tablo biçiminde veri özelliği)

İsim	**Tanımlayan Değer**	**Tanımlanan Değer**	**Tanımlanmış Değer**	**Veri Türü**
Ses Geçirgenliği	100	*IfcFrequencyMeasure*	20	*IfcNumericMeasure*
	200	*IfcFrequencyMeasure*	42	*IfcNumericMeasure*
	400	*IfcFrequencyMeasure*	46	*IfcNumericMeasure*
	800	*IfcFrequencyMeasure*	56	*IfcNumericMeasure*
	1600	*IfcFrequencyMeasure*	60	*IfcNumericMeasure*
	3200	*IfcFrequencyMeasure*	65	*IfcNumericMeasure*

Tekil değer özelliği (IfcPropertySingleValue):

Sayısal veya tanımsal tek bir değer atanmış özelliktir. Özelliğin ismi, ölçüm tipi ile değer ve gerekli olduğunda birim bilgisi verilen özellik ve değer birleşimi tanımlar (Çizelge 5.6).

Çizelge 5.6 Tekil değerli özelliklere örnekler

İsim	**Sayısal Değer**	**Veri Türü**	**Birim**
Tanım	Ahşap Dış Kapı	*IfcLabel*	-
KasaKalınlığı	0.12	*IfcPositiveLengthMeasure*	-
IsıGeçirgenlikKatsayısı	2.6	*IfcThermalTransmittanceMeasure*	W/(m2K)

5.5 Tasarımda Çok Katılımcılı İşbirliği için Önerilen Model

Genel tanımlama yöntemlerinin yeterli olmadığı durumlarda kullanılmak için geliştirilen IFC özellik setleri, yapıyı oluşturan elemanlara iletişim verilerinin eklenmesine olanak sağlamaktadır. Farklı disiplinlerin okuyabildiği açık kaynak kodlu bu veriler, bir veritabanı üzerinde saklanabilmektedir.

Daha verimli bir işbirliği ortamı kurmak için kuramsal olarak bir maket arayüz geliştirilmiştir. Bu arayüzün çalışır duruma gelmesi çalışması, daha ileri yazılım mühendisliği gerektirdiğinden, bu tez kapsamının dışında bırakılmıştır. Çalışma kapsamında ArchiCAD yazılımı örnek alınmış ve ortamı oluşturan gerekli araçlar yazılımın yazılım geliştirme seti (Software Development Kit-SDK) ile uygun olacak şekilde geliştirilmiştir.

İşbirliği için önerilen bu model, çalışılan veritabanına kullanıcı düzeyinde bağlantı gerektirmektedir (Şekil 5.3-a ve Şekil 5.3-b: "Kullanıcı Hakları"). Bu şekilde kullanıcılar arasında veri bütünlüğü hedeflenmektedir. Ayrıca geliştirilen araçlar, "İşbirliği Ortamı" adı altında ArchiCAD'in görev çubuğuna yerleştirilmiştir (Şekil 5.3-b).

Tasarım problemlerinin olası hatalarının azaltılması için iki ayrı senaryo hazırlanmıştır. İlk senaryo bilgisayar destekli tasarım yazılımları kullanan mühendis/mimar arasındaki iletişimi, ikinci senaryo ise bilgisayar destekli yazılımı kullanmayan satın alma sorumlusu ve bilgisayar destekli tasarım yazılımı kullanan mimar arasındadır.

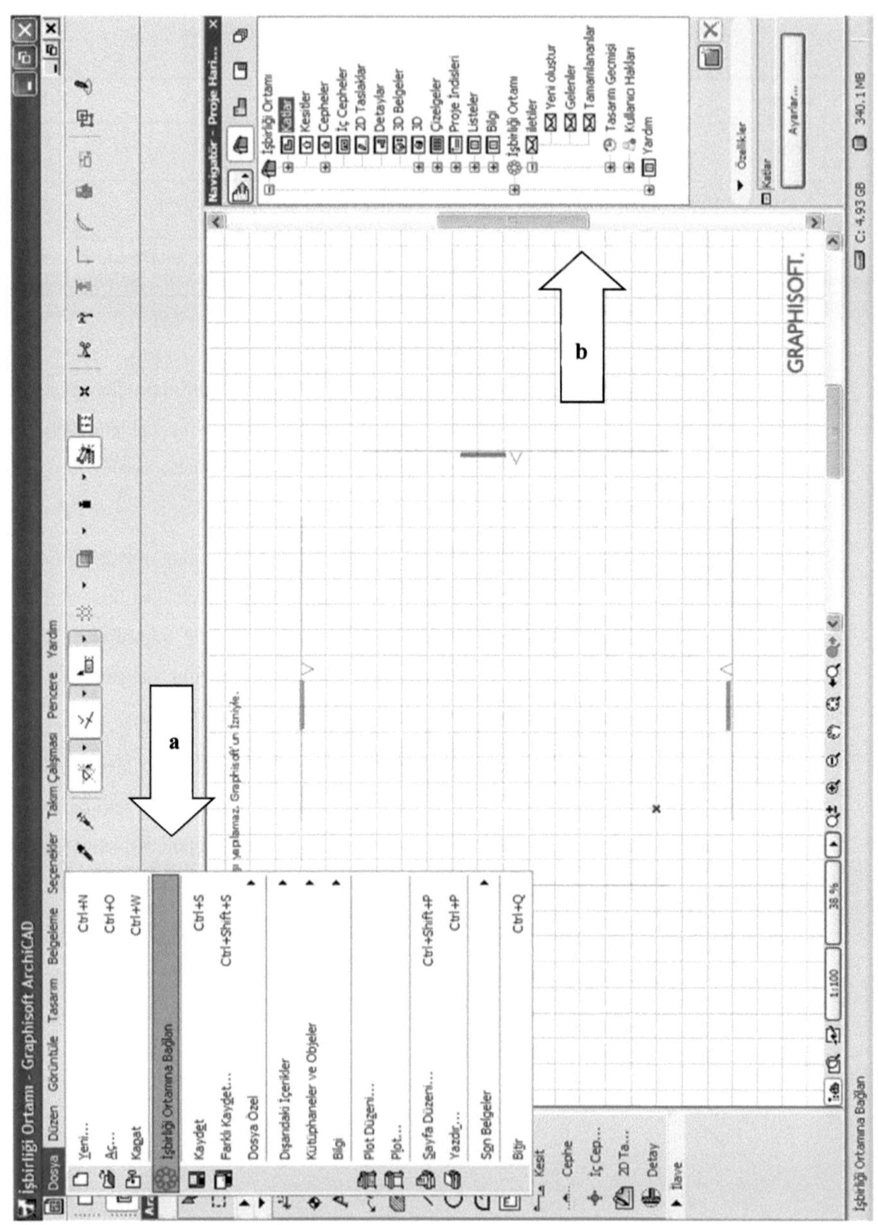

Şekil 5.3 Çalışma projesine bağlantı

Her iki senaryoda da, yapılan tüm işlemler IFC özellik seti olarak veritabanına kayıt edilmektedir. IFC veri tipi içinde bu özellik setleri satır numarası ile saklamakta ve dışarıdan bir müdahale olmadıkça bu satırlar veritabanından silinmemektedir. Böylelikle, geriye dönük olarak yapılan işlemlerin sorgulaması yapılabilmektedir (Şekil 5.3-b: "Tasarım Geçmişi").

Senaryo 1

İlk senaryo, bilgisayar destekli tasarım yazılımı kullanan kullanıcılar arasında iletişim kurulması üzerinedir. Senaryoya göre, iklimlendirme mühendisi projede havalandırma kanalı için ayrılan alanı yeterli bulmamış ve ihtiyacı olan büyüklüğü mimara yeni bir ileti olarak göndermiştir (Şekil 5.4). Gönderilen ileti mimarın çalışma ekranında hem uyarı ikonu ile belirir (Şekil 5.5). Mimar, iletinin içeriğini okuyup, önerilen yeni büyüklüğü görür ve gerekli değişikliği yaparak iklimlendirme mühendisine cevabını gönderir (Şekil 5.6).

Senaryo 2

İkinci senaryo, bilgisayar destekli tasarım yazılımı kullanmayan satın alma sorumlusu ve tasarım yapan mimar arasında geçmektedir. Satın alma sorumlusu, IFC veritabanına kullandığı yazılım ile bağlantı kurarak ihtiyacı olan verileri temin etmektedir. Bu örnekte, bir ofis koltuğu piyasadan temin edilemeyince, sorumlu kişi durumu ilgili mimara iletmiştir. İletide yazılı açıklamanın yanı sıra problemi çözebilmek için çevrimiçi bir katalogun bağlantı adresini de gönderilmiştir (Şekil 5.7). Mimar, katalogu da inceleyerek hazırladığı yeni öneriyi işbirliği araçları ile göndermiştir (Şekil 5.8).

5.6 Bölüm Sonucu

Bu bölümde, tasarımda çok katılımcılı işbirliği için geliştirilen bir öneri sunulmuştur. Alan çalışmasından elde edilen veriler ile gerçek bir işbirliği sürecinin beklentilerine cevap verebilecek bir öneri geliştirilmiştir. Geliştirilen öneri, katılımcılar arasında işbirliğinin başarılı bir şekilde gerçekleşmesi ve sürecin sağlıklı bir şekilde ilerlemesini sağlamaktadır.

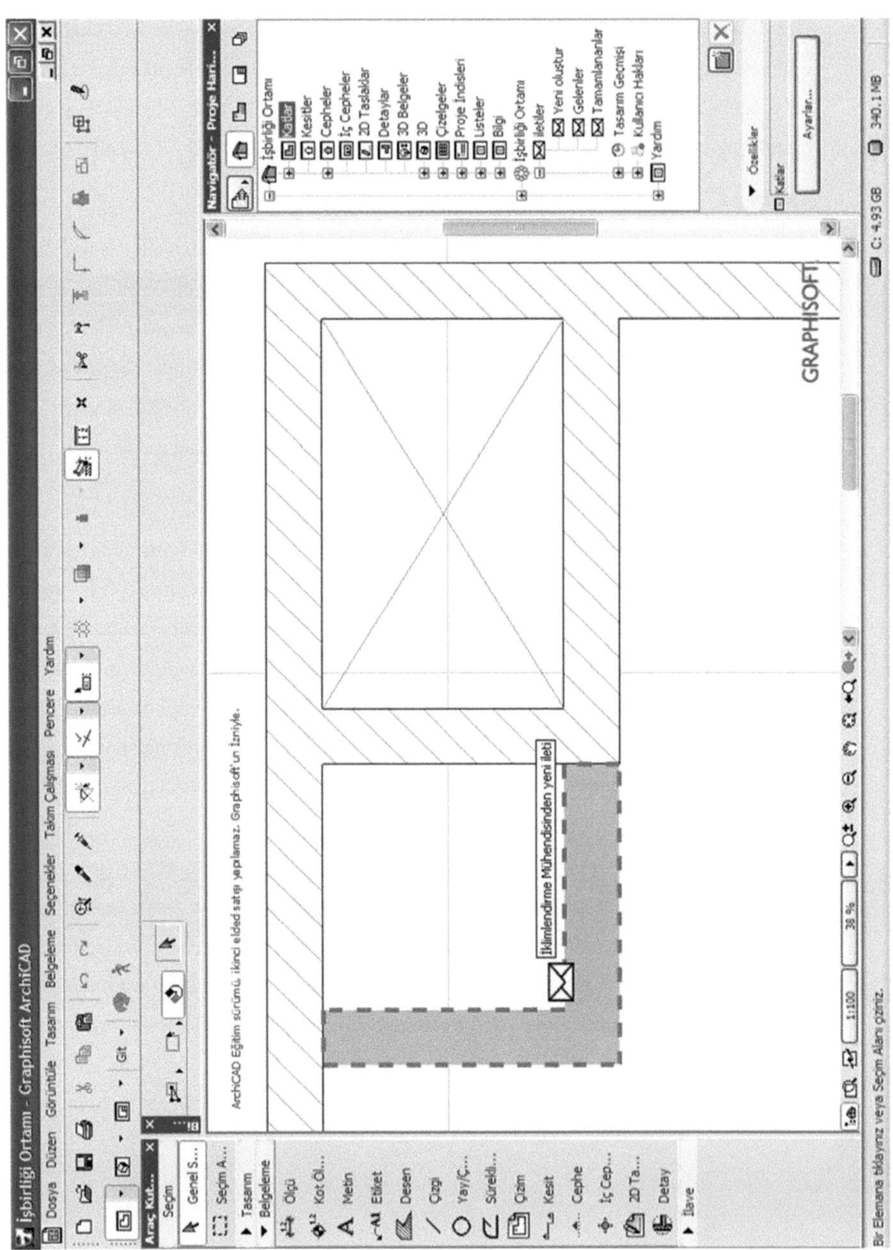

Şekil 5.4 Yeni ileti uyarısı

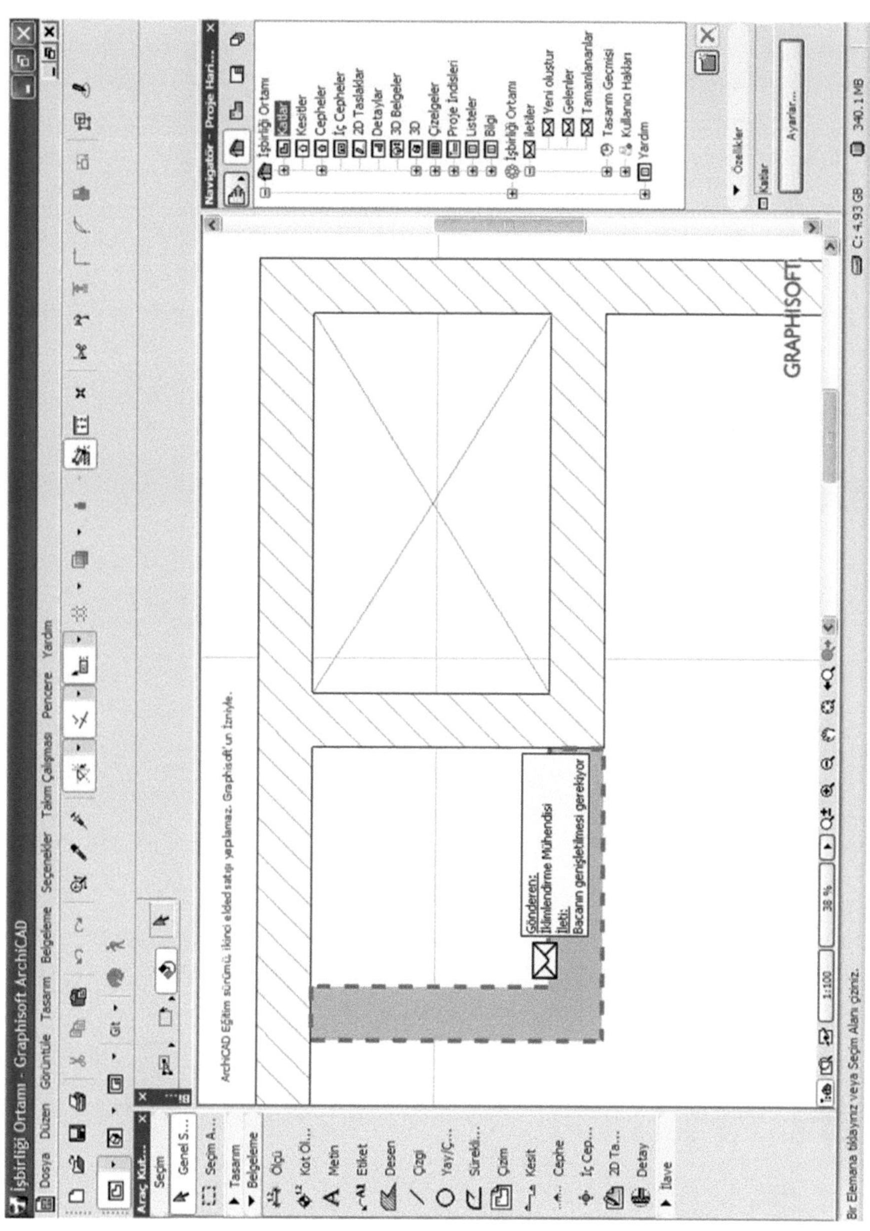

Şekil 5.5 İleti okuma

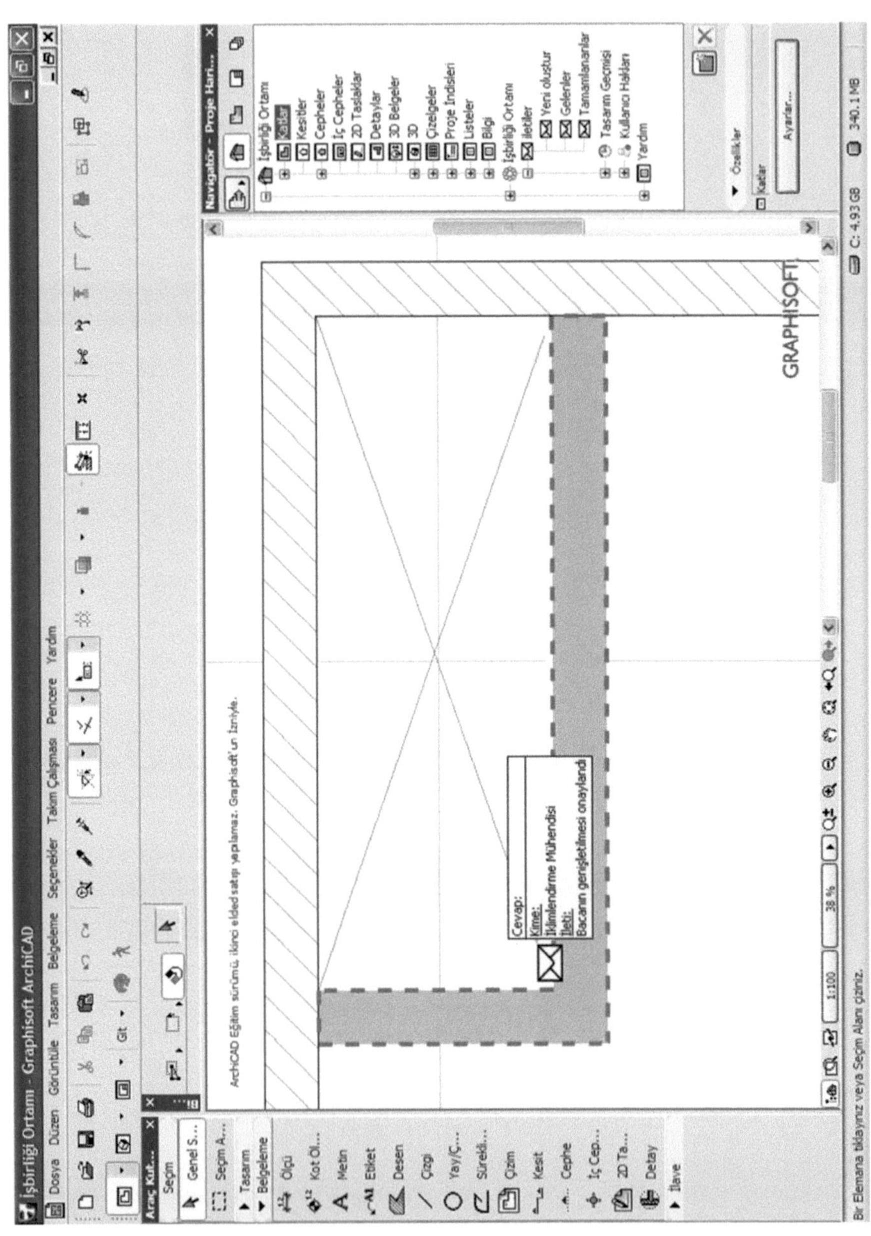

Şekil 5.6 İleti gönderme

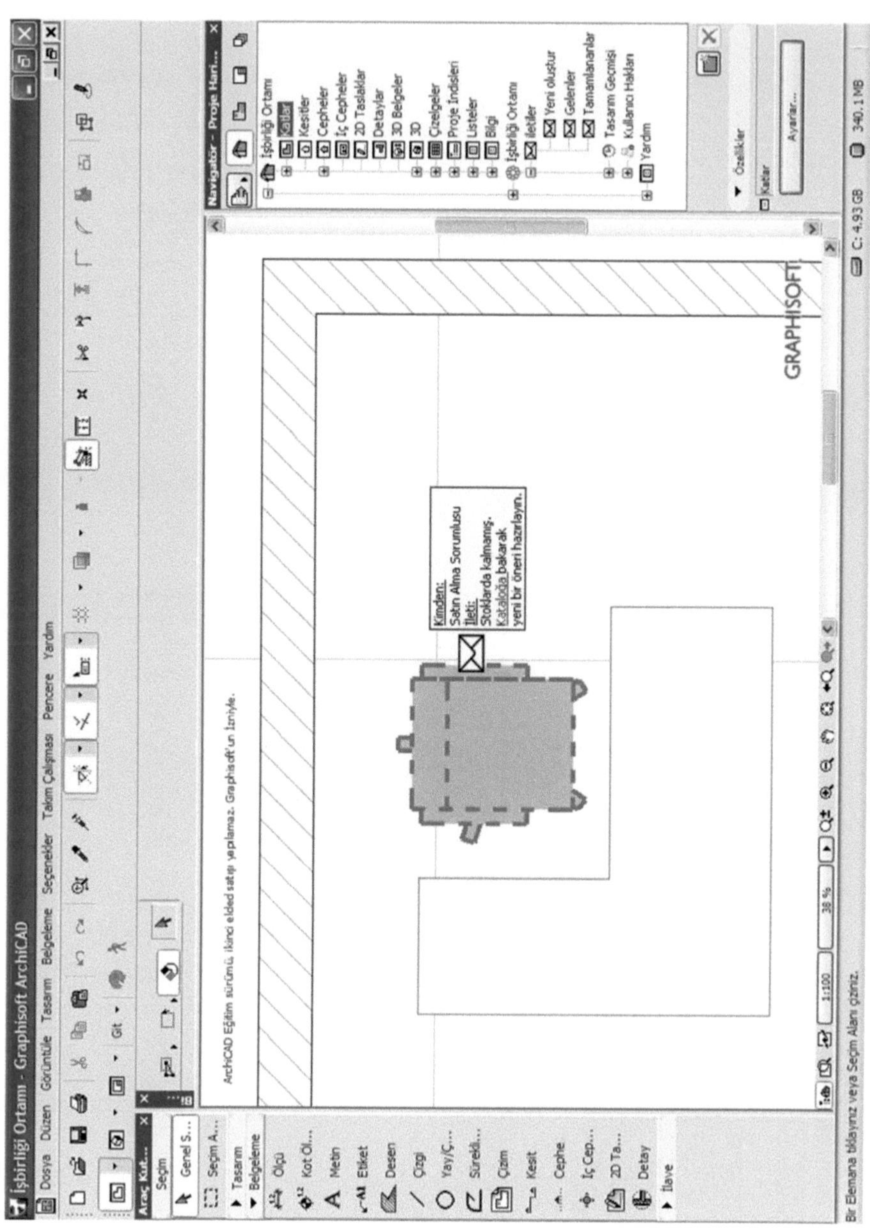

Şekil 5.7 Nesnelere bilgilendirici harici bilgi ekleme

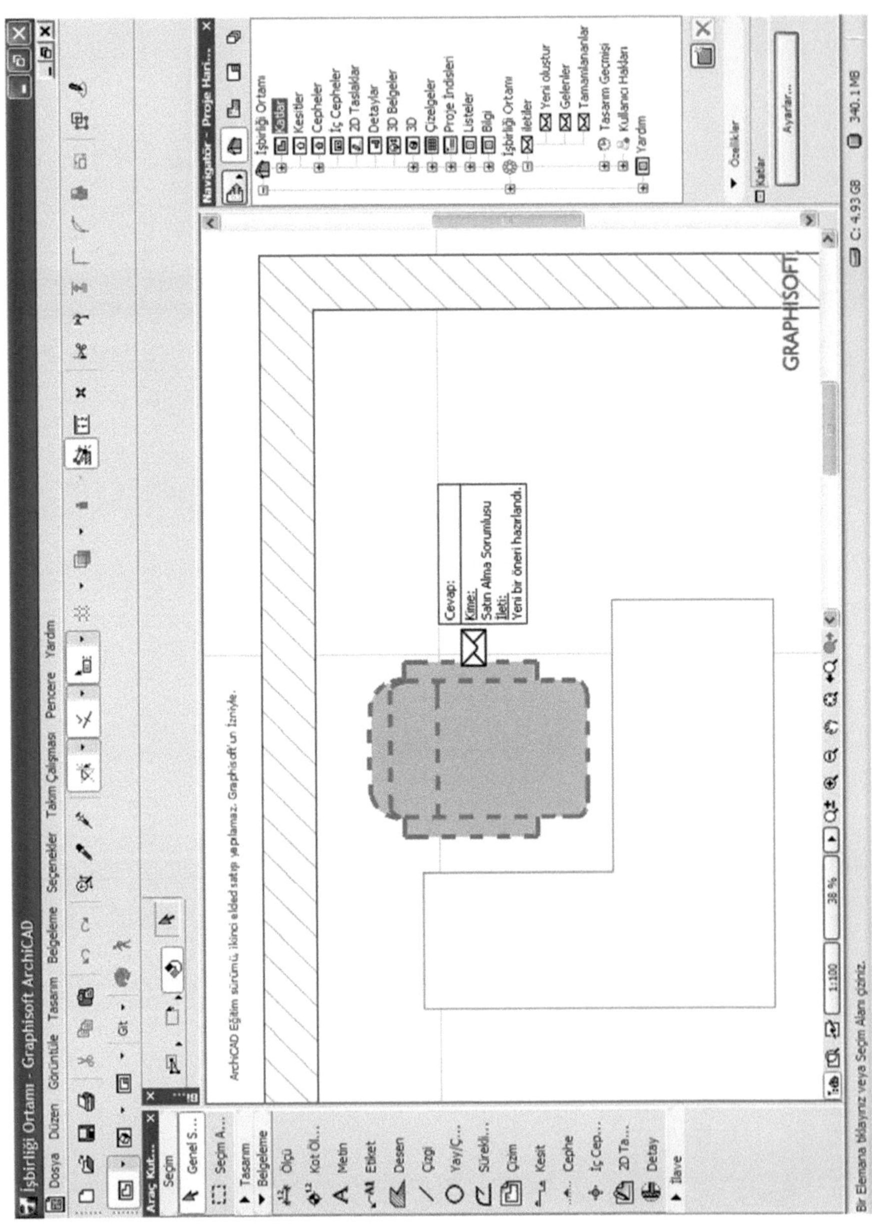

Şekil 5.8 BDT haricinde bir yazılım ile iletişim

6. Sonuçlar Ve Öneriler

6.1 Genel Sonuçlar

Tasarım ve üretim süreçleri, yakın bir geçmişe kadar birbirinden ayrılmamaktaydı. Tasarımcı, aynı zamanda şantiyede yer alır; basit şekilde hazırlanmış fiziksel modeller, eskizler vb. temel tasarım betimlemelerinin ve sözlü açıklamaların birleşimi ile oluşan yöntemler aracılığıyla çalışırdı.

Bugün bildiğimiz anlamda kapsamlı açıklamalar içeren tasarım belgelerine benzer (fizibilite raporu, teknik rapor vb.), tasarım ile ilgili ihtiyaçları, temel konuları vb. belirten belgeler bulunmamaktaydı.

Kâğıt üretim teknolojisindeki gelişmeler, Öklid teoremlerinin etkisiyle ortaya çıkan geometrik yapı yapma ve teknik çizim elemanlarındaki gelişmeler, mimaride pek çok yaklaşımın değişmesine neden olmuştur. Tasarım atölyeleri, şantiye alanından ayrı olarak çalışılabilen, tasarımın gelişiminin, çiziminin ve tartışılmasının yapıldığı özel ofisler şekline dönüşmeye başlamıştır. Kağıt üzerinde çizerek ve maketler aracılığıyla ifade edilen tasarım fikirleri üzerindeki tartışmalar, tasarım atölyelerinde gerçekleştirilmekteydi; bütün bu sürecin sonunda ortaya çıkan ürün/ürünler, uygulama alanında kullanılacak detaylı belgelerin hazırlanması için veri oluşturmaktaydı.

Kağıt üzerinde yapılan tasarımlar kalıcı olup, kolaylıkla taşınabilmekte ve çoğaltılabilmekteydi. Bu durum, tasarım ve uygulama sürecinin farklı noktalarında yer alan katılımcıların organizasyonunu ve kâğıt üzerindeki enformasyonun aktarımını mümkün kılmaktaydı.

Toplumun benimsediği mimar imajına bakıldığında, grafik ifade yeteneğinin bir mimarı tanımlayan en önemli özelliklerden biri olduğunu görmek mümkündür. İkinci Dünya Savaşı'ndan sonraki ilk on yıllık sürede, sayısal teknolojilerin ortaya çıkması ve gelişimi ile birlikte, kâğıt üzerine çizerek ifade etme fikri yavaş yavaş bilgisayarın hafızasında saklanabilen ve grafik arayüzler aracılığıyla çalışan sayısal betimlemeler ile yer değiştirmeye başlamıştır.

İletişim teknolojilerini kullanarak mimarlar arasında işbirliği yapma fikri ise sayısal teknolojilerin gelişimiyle paralellik göstermekte olup, 1950'ler öncesinde ortaya çıkmıştır. Mimarlar, fikirlerini yapılı çevrede oluşturdukları eserleri aracılığıyla iletmektedirler. Bu fikirlerin mimarlar arasında ve daha üst ölçekte toplumla iletişim içinde olması önemlidir.

Mimarların düşünceleri, bina kavramında ortaya çıkmaktadır. Bu bağlamda, mimarlıkta işbirlikçi tasarım, mimarların fikirlerini topluma sözlü veya grafik temsil biçiminde iletmeleridir.

Günümüzde bilginin önemi giderek artmaktadır. Buna bağlı olarak yeni bir sektör (bilgi sektörü) ortaya çıkmıştır. Bilgi toplumunda bilimsel ve teknolojik bilgiler başta olmak üzere her tür bilginin kuruluşlar arasında hızla aktarılması, bilgi teknolojileri ile mümkün olmaktadır. Gelişmiş ekonomilerde bilgi sektörü en büyük sektör haline gelmiştir. Bu değişimi vurgulamak için "bilgiye dayalı ekonomi" (information-based economy) terimi kullanılmaktadır. Bilgiyi toplamak, işlemek, düzenlemek, depolamak, bir yerden bir yere aktarmak ve bu bilgiye erişmek için kullanılan bilgi teknolojisi ekonomik yapıda bir dönüşüm yaratmıştır.

MMÜ sektöründeki büyük ve karmaşık projeler, tasarım ve uygulama gruplarının arasında düzenli işbölümü yapılmasını gerektirir. Mimarlık alanında bilgi ve iletişim teknolojileri, tasarımların sürdürülebilmesi ve uygulamaya geçirilmesi, grup üyelerinin çalışmalarının koordinasyonu, süreç içinde görevlerin otomasyonu için çeşitli yöntemler ortaya koyar.

YBM ise, yapı sektöründe mimarlar ve diğer meslek adamlarının bir projeye ait tüm bilgileri oluşturulan yapı modeli aracılığıyla irdelemesine olanak sağlayan bir çalışma biçimidir. YBM aracılığıyla, bir bina ile ilgili tüm bilgiler ve proje belgeleri oluşturulurken katılımcıların koordinasyon içinde olması hedeflenmektedir.

YBM ve iletişim teknolojilerindeki güncel gelişmelerle birlikte, tasarım temsillerini iletme ve görselleştirme yolları da değişmektedir. Günümüzde, mimarlık firmaları giderek artan bir düzeyde, Internet aracılığıyla enformasyon değişimi ve dosya transferi yaparak çalışmaktadır. Bu firmalar aynı zamanda e-posta ve yüz yüze görüşme aracılığıyla da işbirliği yapmaktadır. Bu gelişmelerin sonucunda, tasarımda işbirliği birbirinden farklı sonuçlara ulaşılan çok sayıda çalışmanın konusu haline gelmiştir.

Bu çalışmanın amacı, IFC veri tipine dayalı, farklı disiplinlerden katılımcıların işbirliği yapmasına imkan vererek birlikte çalışmayı kolaylaştıracak ve gerçek bir işbirliği sürecinde kullanılabilecek bir işbirliği ortamı önerisi geliştirmektir.

Çalışmanın kapsamında, işbirliği kavramı ve işbirlikçi tasarım konuları irdelenmiş, işbirlikçi tasarımın ne olduğu, özellikleri, işbirlikçi tasarım ve BDT ilişkisi üzerinde durulmuştur. Güncel işbirliği yazılımları incelenmiş ve çok katılımcılı işbirliği kavramı ele alınmıştır.

YBM öncesi sistemler hakkında kısa bir incelemeden sonra, YBM'nin ne olduğu ve günümüzdeki kullanım alanları açıklanmıştır. Nesne tabanlı bir yapı bilgi modeli olan IFC'nin önemi, yapısı, özellikleri, tanımlama yetenekleri, kullanım alanları, getirdiği yenilikler, problemleri ve gelişimiyle ilgili bilgi verilmiştir.

Geliştirilen işbirliği ortamına veri sağlamak ve gerçek bir işbirliği ortamının sorunlarını ve beklentilerini belirlemek için bir alan çalışması gerçekleştirilmiştir. Daha sonra işbirliği ortamı önerisi ortaya konmuştur. Son olarak, sonuçlar tartışılmış, geliştirilen öneri irdelenmiş ve gelecek öngörüleri yapılmıştır.

Bu tez, tasarımda işbirliği konusunu ele alan çalışmalardan birisi olup, genelde YBM, özelde ise bir YBM türü olan IFC standardı aracılığıyla kurulan işbirliği üzerine odaklanmıştır. IFC, MMÜ endüstrisinde günümüzde kullanılan en yaygın ve gelişmiş standart olduğu için, bir MMÜ projesinde işbirliğinin IFC aracılığıyla gerçekleştirildiği kabul edilmiştir. Geliştirilen işbirliği ortamı önerisinde bu nedenden dolayı IFC'nin mevcut teknik altyapısı kullanılmıştır.

Geliştirilen işbirliği ortamı önerisi, bir MMÜ projesinin katılımcılarına verimli ve etkin bir eş zamanlı iletişim ortamı sunmayı hedeflemiştir. Bu öneriyi gerçekleştirebilmek için, literatür incelemesinden elde edilen veriler ve alan çalışmasından elde edilen veriler olmak üzere iki tür veriden yararlanılmıştır. Literatür incelemesiyle mevcut farklı işbirliği çözümlerinin çalışma yöntemleri ve sundukları özellikler ortaya konmuştur. Alan çalışmasıyla ise, tasarım ofislerinde yaşanan işbirliği sürecinin sorunları ve beklentileri belirlenmiş, geliştirilen öneriye belirlenen sorunları çözmeye ve belirtilen beklentileri karşılamaya yönelik özellikler eklenmeye çalışılmıştır.

Alan çalışmasının sonuçlarına göre, tasarımda işbirliğinin önemi konusunda farkındalık giderek artmakta ve sayısal işbirliği çözümlerinin gerekliliği giderek anlaşılmaktadır. Ancak, bu çözümlerin öğrenilmesinin zorluğu ve ilk yatırım maliyetlerinin fazlalığı kullanım oranlarını olumsuz yönde etkileyerek, yaygınlaşmalarına engel olmaktadır. Diğer taraftan, işbirliği çözümlerini öğrenmeye ayrılan zaman genelde gereksiz olarak görülmekte, böyle bir zaman ayırmak yerine geleneksel işbirliği yöntemlerine başvurmak tercih edilmektedir. Bu durum, işbirliğinde "farkındalık" ve "gereklilik" kavramlarına ters düşmektedir.

Alan çalışmasına göre bir işbirliği ortamının en önemli sorunları şunlardır:

1) İletişim eksikliği,
2) Veri koordinasyonunda eksiklik,
3) Bilgi eksikliği,

4) Bireysel çalışma.

Alan çalışmasına göre bir işbirliği ortamından beklentiler ise şunlardır:

1) Kullanım esnekliği,
2) Kullanım kolaylığı,
3) Hızlı ulaşım,

Bu bağlamda, geliştirilen işbirliği ortamın özelliklerini kısaca özetlemek gerekirse;

1) Eşzamanlı bir ortak çalışma ortamıdır.
2) Bir iletişim platformu aracılığıyla çalışmaktadır.
3) Katılımcılar arasında yazılı mesajlar aracılığıyla iletişim kurulmaktadır.
4) Basit bir teknik altyapısı olup, ilk kurulum maliyeti düşüktür.
5) Mevcut işbirliği çözümlerine göre, öğrenimi kolaydır.
6) Kullanımı kolay ve ulaşımı hızlıdır.
7) Katılımcıların isteklerine kısa sürede cevap vererek, çalışma verimliliğini arttırmaktadır.
8) Çalışma alanlarının koordinasyonu daha kolay yapılabilmektedir.

Bu çalışmada ortaya konan işbirliği ortamı önerisi, mevcut IFC teknik altyapısını kullanmakla birlikte, daha önceden denenmemiş olan bir mesajlaşma sistemine dayanmaktadır. Bu öneri kuramsal olarak geliştirilmiş olup, bu ortamın işleyen sürümünün geliştirilmesi çok daha kapsamlı bir yazılım bilgisi gerektirmektedir. Bu çalışmanın geliştirilebilmesi için öncelikle çalışan bir sürümü üretilmeli ve bir test ortamında sınanmalıdır. Buradan elde edilen verilere göre ortam önerisi yeniden değerlendirilmelidir.

6.2 Araştırmalardan Elde Edilen Sonuçlar

Bu tez kapsamında yapılan araştırmalardan elde edilen sonuçlar şöyle özetlenebilir:

İşbirliği süreci

İşbirliği, bir makine veya sistemden fazlasını gerektirir. Katılımcılar için kişisellik içeren, sinerjik bir süreçtir. Aslında tasarım alanında işbirliğinden çok kooperatif tasarımdan söz etmek daha doğru olabilir. Hatta uzlaşmacı tasarımdan (compromised design) dahi bahsedilebilir. Pek çok tasarım projesindeki ilişkiler, işbirliğinden çok kooperasyon veya koordinasyon üzerine kuruludur. Kooperatif tasarımı destekleyen bilgisayar sistemleri, farklı sistemlerin kullanımına izin veren yapıdadır. İşbirlikçi sistemlerde, aslında ihtiyaç duymadığımız özellikleri gereğinden fazla vurgulamak tehlikesi vardır. Örneğin, pek çok kooperatif çalışma için, eş zamanlılık gerekli olmayabilir. Burada esas üzerinde durulması gereken nokta, başarılı bir kooperatif çalışma veya işbirliği ortamı yaratmak için gerekli iş sürecidir. Böyle bir ortamı yalnızca donanımlar ve yazılımlar aracılığıyla oluşturmak mümkün değildir.

İşbirliği projelerinin başarısı

Bazı işbirliği projelerinin başarısızlığa uğramasından alınacak dersler vardır. Yeni bir araç, kullanımı kolay ve verilen görevleri rahatlıkla yerine getirmeye yardımcı olsa bile, bazı insanlar tarafından benimsenememektedir. Test edilmemiş bir sistemin kullanımının getirdiği riskler, sistem ne kadar başarılı gözükse de o kadar büyüktür. Yeniliklerin kullanıcı tarafından benimsenmesi için, bina performansı ile uyum sağlaması ve binanın yaşam döngüsü boyunca kullanılacak işlevsellik sağlaması gerekmektedir.

Yapı Bilgi Modeli

YBM, binanın tüm yaşam döngüsü için uygun bir sistem sunmaktadır. YBM, tasarım, yapım, işletim safhalarının tümünde kullanılabilmektedir. Tasarım aşamasında YBM yazılımları kavram tasarımı ve model oluşturma evrelerinin hızlı bir şekilde gelişmesine yardımcı olabilmektedir. Tasarım aşamasında kullanılan detaylı bir yapı bilgi modeli, yapım aşamasına aktarıldığında yapısal elemanlar oluşturulabilmekte ve hatta yapım aşaması ile ilgili 4B görseller hazırlanabilmektedir. İşletim aşamasında ise, mal sahibi, yönetici, yatırımcı, danışman vb. için gerekli tüm bilgiler yapı bilgi modeli içinde yer almaktadır. Bu bilgiler ilerde binaya herhangi bir nedenden ötürü müdahale yapılması gerektiğinde çok önem taşımaktadır.

Veri Değişim Standartları

DXF ve DWG gibi yalnızca geometrik bilgi içeren standartlar MMÜ endüstrisi için yetersiz kalmaktadır. Nesne tabanlı sistemler ise, işbirliği ortamında farklı disiplinlerden katılımcıların veri değişimi ve paylaşımı yapmasını mümkün kılmaktadır. EXPRESS veri tanımlama dili kullanılarak ilk olarak geliştirilen STEP ve daha sonra geliştirilen IFC evrensel tanımlı ve genişletilebilir nesne tabanlı yapı veri modelleridir. Günümüzde bu standartlardan IFC en yaygın olarak kullanılan standart olup, pek çok bilgisayar destekli tasarım yazılımları IFC standardı ile uyumlu çalışmaktadır.

Tasarım Ofislerinin Çalışma Yöntemi

YBM, IFC, sayısal işbirliği kavramları tasarım ofislerinin çalışma yöntemlerini yeniden gözden geçirmelerine neden olmuştur. Günümüzde halen geleneksel çalışma yöntemleri yaygın olmakla birlikte, sayısal yöntemlerinin kullanımının gerekliliği de giderek anlaşılmaktadır. Bu gerekliliğin anlaşılması beraberinde tasarım sürecinin katılımcılarının rol tanımlarının yeniden yapılmasını getirmektedir. Yeni çalışma yöntemlerine ayak uydurabilecek çalışanların daha bilgili ve kavrama kabiliyeti yüksek kişiler olması gerekmektedir. Bu aşamada mimarın rolü de değişmekte ve gelişmektedir. Veri değişimi ve paylaşımı konusunda en önemli görev yine mimara düşmektedir.

Çok Katılımcılı İşbirliği

Çok katılımcılı işbirliği, bir MMÜ projesinin farklı katılımcılarını ortak bir hedefe ulaşmak için teşvik etmekte, dolayısıyla tasarım sürecinin başarısını arttırmaktadır. Ancak, sorumluluğun kimde olacağı, katılımcıların işbirliği ortamına katkılarının nasıl olacağı dikkatle ele alınmalıdır. Bir çok katılımcılı işbirliği sürecinin kötü işlemesi, beraberinde tasarım sürecinin uzaması, üretim takviminin değişmesi, maliyetlerin artması gibi pek çok sorunu getirecektir.

6.3 Tasarımda İşbirliği İle İlgili Gelecek Öngörüleri

Teknoloji ve Mimarlık

Mimarlık araştırmaları arasında günümüz ilgi alanlarının en önemlilerinden biri, bilgisayar teknolojilerinin düşünme ve çalışma şekillerini nasıl etkileyebileceğidir. Buradaki ilgi alanı, yalnızca bilgisayar teknolojilerinin tasarımı nasıl destekleyeceğinin değil, bilgisayarların tasarım sürecini ve devam etmekte olan işbirliği eyleminin düzenini bozmayacağının ortaya konmasıdır. Yeni işbirliği araçlarının tasarlanması, işbirliği çalışmalarının nasıl gerçekleştirileceğinin daha iyi anlaşılmasına, işbirliği sırasında hangi kaynakların nasıl kullanılacağının daha iyi anlaşılmasına ve hangi engellerin işbirliği çalışmalarını etkileyebileceğinin anlaşılmasına yardımcı olacaktır.

Kapalı Sistemler

Yalnızca üretici firmanın izniyle ulaşılabilen sistemler, kapalı sistemler olarak adlandırılmakta olup, günümüz işbirliği ihtiyaçlarını karşılamakta yetersiz kalmaktadırlar. Halen büyük yazılım üreticileri elde ettikleri pazar payını kaybetmemek için, kendi işbirliği platformlarını (kapalı sistemler) kurmakta veya var olan sistemleri büyük ücretler karşılığında satın almaktadır. Kapalı sistemler, AB ve ABD'nin hukuki baskılarıyla yerini herkesin ulaşabileceği ve kullanabileceği açık ve özgür sistemlere bırakmaya başlamıştır. Gelecekte bu dönüşüm daha hızlı yaşanacaktır.

IFC ve Ontoloji

Bir bakıma yeni başka bir yaklaşım ise ürün bilgilerinin aktarılması amacı için Ontoloji Dili'ne dayanan IFC veri tipi kullanılmasıdır. IFC ve ontoloji, ürün modelleme yeteneklerini tamamen değiştirebilecek yenilikçi bir yaklaşım olarak öne çıkmakta, işbirliği sistemlerinin de bu kavram için daha da ön plana çıkması beklenmektedir.

İşbirliği ve Yetişmiş İşgücü

MMÜ endüstrisinde, yapı bilgi sistemleri halen ağırlıklı olarak 2B teknik çizimler aracılığıyla çalışmaktadır. Oysa otomotiv ve uçak sanayi endüstrilerinde 2B teknik çizimler yerlerini 3B modellere bırakmışlardır. 3B modeller aracılığıyla düşünme, tasarlama ve uygulama, otomotiv ve uçak sanayi endüstrilerinin çalışanlarının eğitim seviyelerinde önemli bir yükselişe neden olmuştur. Tüm dünyada gayri safi milli hasılanın (GSMH) %10'unu oluşturan MMÜ endüstrisinin çalışanlarının eğitimleri ise henüz tamamen 3B çalışmaya uyum sağlayabilecek seviyede olmamakla birlikte, gelecekte MMÜ endüstrisinin çalışanlarının eğitim seviyesi yükselmek durumunda kalacaktır.

Arttırılmış Gerçeklik

Arttırılmış gerçeklik (Augmented Reality) teknolojisi 1990'lardan beri bilinmekle birlikte, uygulama alanı kısıtlı olduğundan büyük kitlelere ulaşamamıştır. Arttırılmış gerçeklik teknolojisi, donanımların daha hızlı, daha az yer kaplayan ve daha az enerji tüketen hale gelmesiyle birlikte tekrar gündeme gelmiştir. Gelecekte arttırılmış gerçeklik teknolojisi ve IFC ontolojileri işbirliği yaparken önemli bir rol oynayacaklardır.

Bulut Bilgisayarlar

İçinde bulunduğumuz yüzyılın bilgisayar alanında en dikkate değer teknolojisi, "bulut bilgisayarlar" (cloud computing) teknolojisidir. 1980'lerde kişisel bilgisayarlarda görülen hızlı kullanım artışın bir benzeri bulut bilgisayarlar için de beklenmektedir. Bulut bilgisayar kavramı, 1970'lerin terminal istemciler ile çalışan ana bilgisayar kavramına benzemekle birlikte, birçok ana bilgisayarın tek vücut olarak çalıştığı çok daha büyük bir sistemi ifade etmektedir. Günümüzde yazılım kullanımı için lisans alınması ve periyodik aralıklarla alınan lisansın güncellenmesi gerekmektedir. Oysa bulut bilgisayarlar teknolojisi, kullanım ve sistemden işlemci gücü çekme özelliklerine göre fiyatlandırılabilmektedir. Bu nedenlerden dolayı, gelecekte yazılım kullanımı için lisans almak yerine, bulut bilgisayarların kullanım gücünü satın almak yaygınlaşacaktır. Bu yöntem, işbirliği sistemi aracılığıyla çalışmak isteyen ancak gerekli altyapıyı kuracak mali güce sahip olmayan küçük ve orta ölçekli kullanıcıların işine gelecektir. Bulut bilgisayarlar teknolojisinin doğasında bulunan veri paylaşımı özelliği, farklı işbirliği sistemlerinin veri okuma ihtiyacını arttıracak ve bu durum mevcut IFC teknolojisinin kullanımını ve gelişimini hızlandıracaktır.

İşbirliği Yapmayan Firmalar

İşbirliği yapmak için altyapısını geliştirmeyen MMÜ endüstrisi firmaları, tıpkı yirminci yüzyılın başında BDT yazılımlarına geçiş yapamayarak geleneksel yöntemlerle çalışan firmalara olduğu gibi, piyasadan çekilmek durumunda kalacaktır.

Kaynaklar

Abarbanel, R.M., Brechner, E., McNeeley, W., "Fly Thru the Boeing 777", Maher, M.L., Gero, J.S., Sudweeks, S. (Derl.), Preprints Formal Aspects of Collaborative CAD, Key Centre of Design Computing, Department of Architectural and Design Science, University of Sydney, Syndney, 3-9.

Achten H. H., (2002), "Requirements For Collaborative Design In Architecture", Timmermans, Harry (Derl.), Sixth Design and Decision Support Systems in Architecture and Urban Planning - Part one: Architecture Proceedings Avegoor, the Netherlands.

Achten, H. (2001), "Futures scenario for a collaborative design session and feature list", in Stellingwerff, M. and J. Verbeke (Derl.), Accolade – Architecture. Collaboration. Design, Delft University Press, Delft, 163-167.

Aish, R. (2000), "Collaborative design using long transactions and 'change merge', Promise and Reality", Proceedings of the 18th International Conference on Education in Computer Aided Architectural Design, Weimar, June 22-24, 2000, 107-111.

Aksoy, E., (1975), "Mimarlıkta Tasarım, İletim ve Denetim", Gün Matbaası, İstanbul.

Augenbroe, G., (1995), "An Overview of the Combine Project", Scherer, R.J. (Derl.), Product and Process Modelling in Building Industry, A.A. Balkema, Rotterdam.

Bazjanac, V., (1974), "Architectural Design Theory: Models of the Design Process", ed: Willam R. Spillers, Basic Question of Design Theory, North Holland, New York, pp:8-16. (Alınan kaynak, Rowe, G. P., 1987. Design Thinking, The MIT Press , Massachusetts).

Bazjanac, V.,(2004), "Building energy performance simulation as part of interoperable software environments", Building and Environment, Vol. 39, 879-883.

Becerik, B., Pollalis, S. N., (2006), "Computer Aided Collaboration In Managing Construction", Harvard School, Department Of Architecture, Design And Technology, Report Series 2006-2 .

Bhöms, H.M., Bonsma, P., Bourdeau, M., Josefiak, F., (2008), "Semantic Product Modelling with SWOP's PMO" , Zarli, A, Scherer, R., (Derl.), ECPPM 2008 eWork and eBusiness in Architecture, Engineering and Construction, Sophia Antipolis, France, 10-12 September 2008, 95-104, ISBN 978-0-415-48245-5.

Björk, B.C., (2003), "Electronic Document Management in Construction", Research Issues and Results.

Bucciarelli, L.L., (2003), "Designing and Learning: A Disjunction in Context", Design Studies 24 (3), 295-311.

Cheng, N., (2003), "Approaches to Design Collaboration Research", Automotion in Construction 12, 715-723.

Cheng, N., Kvan, T., (2000), "Design Collaboration Strategies", Proceedings of 5th. Design and Decision Support System in Architecture, Ampt van Nijkerk, 22-25 August, 62-73.

Churchman, C.W., (1967), "Wicked Problems", Management Science, no.14, pp: B-141, B-142 (Alınan kaynak, Rowe, G. P., 1987. Design Thinking, The MIT Press , Massachusetts).

Craig, D.L., Zimring, C., (2000), "Supporting Collaborative Design Groups as Design Communities", Design Studies 21 (2), 187-204.

Cross, N., Cross, A.C., "Observation of Teamwork and Social Process in Design", Design Studies 16, 143-170.

Dave, B., Danahy, J., (2000), "Virtual Study Abroad and Exchange Studio", Automotion in Construction 9 (1), 57-71.

Do, E.Y.L., (2001), "VR Sketchpad. Create Insant 3D Worlds by Sketching on A Transparent Window, Proceedings of Ninth International Conference on Computer Aided Architectural Design Futures, Eindhoven, The Netherlands, 8-11 July, 257-270, ISBN 0-7923-7023-6.

Eastman, C., (1999), "Building Product Models: Computer environments supporting design and construction", CRC Press, Florida.

Eastman, C.M., Siabiris, A., (1995), "A Generic Building Product Model Incorparating Building Type Information", Automotion in Construction 3 (4), 283-304.

Espinoza, A., Cadiz, J., Lautenbacher, G., (2000), "Coming to the Wrong Decisions Quickly: Why Awareness Tolls Must Be Matched With Appropriate Tasks", Proceedings of the 2000 ACM Conference on Human Factors in Computing Systems, ACM Press, The Hague, The Netherlands, 391-399.

Fenves, S., Flemming, U., Hendrickson, C., Maher, M.L, Quadrel, R., Terk, M., Woodbury, R., (1994), "Concurrent Computer Aided Integrated Building Design, Prentice-Hall, Englewood Cliffs, NJ.

Froese, T., (2003), "Future Directions for IFC-Based Interoperability", ITcon, Vol.8, 231-246.

Fruchter, R., (1994), "The Virtual Atelier, Bridging the Generations", CAE Workshop, Carnegie Mellon University, Berkeley, 1996.

Fuchs, W., Martinico, A., (1996), "The V.C.net-A Digital Study in Architecture", Design Computation: Collaboration, Reasoning, Pedagogy, ACADIA 1996, 31 October-21 November, Tucson, 23-29, ISBN 1-880250-05-5.

Fukuda, T., Nagahama, R., Kaga, A.,Oh, S., Sasada, T., (2001), "Collaboration Support System for Nightscape Design Based on VR Technology", Proceedings of the Sixth Conference on Computer Aided Architectural Design Research in Asia, Singapore, 19-20 April, 103-111, ISBN 1-86487-096-6.

Gabriel, G.C., Maher, M.L., (2002), "Coding and Modelling Communication in Architectural Collaborative Design", Automotion in Construction 11, 199-211.

Gero, J.S., McNeill, T. (1988), "An Approach to the Analysis of Design Protocols, Design Studies 19, 21-61.

Haagenrud, S.E., Björkhaug, L., Wix, J., Trinius, W., Huovila, P., "EU-Project STAND-INN-Integration of Standarts for Sustainable Construction into Business Processes Using BIM/IFC", ECPPM 2008 eWork and eBusiness in Architecture, Engineering and Construction, Sophia Antipolis, France, 10-12 September 2008, 487-495 , ISBN 978-0-415-48245-5.

Hirschberg, U. and F. Gramazio and K. Hoeger et al. (2000), "EventSpaces – A multi-author game and design environment", Promise and Reality – Proceedings of the 18th International Conference on Education in Computer Aided Architectural Design, Weimar, June 22-24, 2000, pp. 65-72.

Hitchcook, R., (1996), "Improving Life-Cycle Information Management through Documentation of Projects Objectives and Design Rationale", Doktora Tezi, Department of Civil Engineering, University of California, Berkeley. (Alınan kaynak, Kalay, Y. (1998), "P3: Computational Environment to Support Design Collaboration", Automotion in Construction 8, 37-48).

Hobbs, R.W., (1996), “Leadership through Collaboration”, AIArchitect 3, 11. (Alınan kaynak, Kalay, Y. (1998), “P3: Computational Environment to Support Design Collaboration”, Automotion in Construction 8, 37-48).

Huang, J., (1999), “How Do Distributed Design Organizations Act Together to Create a Meaningful Design? Towards a Process Model for Design Coordination”, Eastman, C.M., Augenbroe, G. (Derl.), CAAD Futures’99, Kluwer Academic, Dordrecht, 99-105.

Irani, Z. (2002), “Information Systems Evaluation: Navigating Through the Problem Domain”, Information and Management, Vol: 40, pp: 11-24.

Ishii, H. and M. Kobayashi and J. Grudin (1993), “Integration of interpersonal space and shared workspace: ClearBoard design and experiments”, ACM Transactions on Information Systems 11, 4, pp. 349-375.

Jung, T., Do, E.Y. and Gross, M.D., (1999), “Immersive Redlining and Annotation of 3D Design Models on the Web”, Proceedings of the Eighth International Conference on Computer Aided Architectural Design Futures, Atlanta, USA, p. 81-98.

Junge, R., Köthe, M., Schulz, M.K., et al., (1997), “The Vega Platform-IT for the Virtual Enterprise”, CAAD Futures 1997, 591-616.

Kalay, Y. (1998), “P3: Computational Environment to Support Design Collaboration”, Automotion in Construction 8, 37-48.

Kalay, Y.,(2004), “Architecture's New Media. Principles, Theories and Methods of Computer Aided Design”.

Khedro, T., Genesereth, M., Teicholz, P., (1993), “FCDA: A Framework for Collaborative Distibuted Multidisciplinary Design, Gero, J.S., Maher, M.L. (Derl.), AI in Collaborative Design, AAAI, Menlo Park, 67-82.

Kim, I., Liebich, T., Maver, T., (1997), “Managing Design Data in An Integrated CAAD Environment: A Product Model Approach”, Automotion in Construction 7 (1), 35-53.

Kiviniemi, A., (2008), “IFC Certification Process and Data Exchange Problems”, ECPPM 2008 eWork and eBusiness in Architecture, Engineering and Construction, Sophia Antipolis, France, 10-12 September 2008, 517-523, ISBN 978-0-415-48245-5.

Kiviniemi, A., Tarandi, V., Karlshöj, J., Bell, H., Karud, O.J., (2007), “Review of the D evelopment and Implementation of IFC Compatible BIM”.

Kuhn, T., (1962), “Structures of Scientific Revolutions”, University of Chicago Press, Chicago, 1962 (Alınana kaynak, Kalay, Y. (1998), “P3: Computational Environment to Support Design Collaboration”, Automotion in Construction 8, 37-48.).

Kunz, W., Rittel, H.W.J., (1972), “Issues as Elements of Information Systems”, DMG 5th. Anniversary Report: DMG Occasional Paper no.1, The Design Methods Group, Department of Architecture, University of California, Berkeley, CA, 13-15. (Alınan kaynak, Kalay, Y. (1998), “P3: Computational Environment to Support Design Collaboration”, Automotion in Construction 8, 37-48).

Kvan, T., (2000), “Collaborative Design: What Is It?”, Automotion in Construction 9, 409-415.

Lee, A.W.K., Iki, K., (2001), “Moving Architecture and Transiting Landscape. Interactive Rendering System For Animated Assessment”, Proceedings of Ninth International Conference on Computer Aided Architectural Design Futures, Eindhoven, The Netherlands, 8-11 July, 739-752, ISBN 0-7923-7023-6.

Maher, M.L., Cicognani, A., Simoff, S.J., (1998), "An Experimental Study of Computer Mediated Collaborative Design", Int. Journal of Design Computing, http://www.arch.usyd.edu.au/kcdc/cmcd/paper.

Manning, P., Mattar, S., (1992), "A Preliminary to Development of Expert Systems for Total Designs of Entire Buildings", Kalay, Y.E. (Derl.), Evaluating and Predicting Design Performance, Wiley Interscience, New York, 215-318.

Marsh, L., Flanagan, R., (2000), "Measuring the Costs and Benefits of Information Technology in Construction", Engineering, Construction and Architectural Management, vol.4, 423-435.

Mattessich, P.W., Monsey, R.B., (1992), "What Makes It Work", Amherst H.Wilder Foundation, St. Paul, MN.

McCall, R., (1986), "Issue Serve Systems: A Descriptive Theory of Design", Design Methods and Theories 20 (3).

McCall, R., Bennett, P., Johnson, E., (1994), "An Overview of PHIDIAS II HyperCard System", Grin, A., Fraser, M., (Derl.), Proceedings of ACADIA'94, 63-76.

McCall, R., Fischer, G., Morch, A., (1990), "Supporting Reflection-in-Action in the Janus Design Environment", McCullough vd. (Derl.), The Electronic Design Studio, MIT Press, Cambridge, MA.

Mitchell, W.J., (1995), "City of Bits: Space, Place and Infobahn", MIT Press, Cambridge, MA.

Mohsini, R., (1992), "On Measuring Project Performance: Some Problems of Aggregation", Kalay, Y.E., (Derl.), Evaluation and Prediction in Design, Wiley, New York, NY, 1992.

Nour, M., (2007), "Manipulating IFC sub-models in Collaborative Teamwork Environment", Rebolj, D. (Derl.), Proceedings of the 24th Conference Information Technology in Construction, Maribor, Slovenia, 26-29 June 2007, 111-117.

Papamichael, K., LaPorta, J., Chauvert, H., (1998), "Building Design Advisor: Automated Integration of Multiple Simulation Tools, Automotion in Construction 6 (4), 341-352.

Pazlar, T., Klinc, R., Turk, Z., (2008) "Mapping Between Architectural and Structural Aspects in the IFC Based Building Information Models", ECPPM 2008 eWork and eBusiness in Architecture, Engineering and Construction, Sophia Antipolis, France, 10-12 September 2008, 95-104, ISBN 978-0-415-48245-5.

Pohl, J., Myers, L., (1994), "A Distributed Cooperative Model for Architectural Design", Carrara, G., Kalay, Y.E. (Derl.), Knowledge-Based Computer Aided Architectural Design, Elsevier Science Publishers, Amsterdam, The Netherlands.

Rittel, H.W.J., (1972), "On the Planning Crisis: System Analysis of the First and Second Generations", Bedrifsokonomen 8, pp: 390-396 (Alınan kaynak, Rowe, G. P., 1987. Design Thinking, The MIT Press , Massachusetts).

Rosenman, M.A., Gero, J.S., (1996), "Modelling Multiple Views of Design Objects in A Collaborative CAD Environment", CAD Special Issue on AI in Designs 28 (3), 207-216.

Rosenman, M.A., Gero, J.S., (1998) "CAD Modelling in Multidisciplinary Design Domains", Smith, E. (Derl.), Artificial Intelligence in Structural Engineering, Springer, Berlin, 1998, 335-347.

Rosenman, M.A., Gero, J.S., Hwang, Y.S., (1993), "Representation of Multiple Concepts of A Design Object Based on Multiple Functions", Mathur, K.S., Betts, M.P., Tham, K.V.,

(Derl.), Management of Information Technology for Construction, World Scientific, Singapore, 239-254.

Rosenman, M.A., Smith, G., Maher, M.L., Ding, L., Marchant, D., (2007), "Multidisciplinary Collaborative Design in Virtual Environments", Automotion in Construction 16, 37-44.

Rowe, G. P., (1987), "Design Thinking", The MIT Press, Massachusetts.

Steiner, I.D., (1972), "Group Process and Productivity", Academic Press. (Alınan kaynak, Kvan, T., (2000), "Collaborative Design: What Is It?", Automotion in Construction 9, 409-415).

Sudweeks, F., Rafaeli, S., (1996), "How Do You Get A Hundred Strangers to Agree: Computer Mediated Communication and Collaboration", Harrison, T.M., Stephen, T.D. (Derl.), Computer Networking and Scholarship in the 21st. Century University, SUNY Press, 115-136.

Sun, M. & Howard, R. (2004), "Understanding IT in Construction", London, Spon Press.

Tunalı İ. (2004), "Tasarım Felsefesine Giriş", YEM Yayınları, İstanbul.

Tuncer, B., Stouffsi R., Sariyildiz, S., (2001), "(Re)presentation of Architectural Analyses: Two prototype application", CAAD Futures 2001, 495-505.

Tzonis, A., (2000), "Community in the Mind. A Model for Personal and Collaborative Design, CAADRIA 2000, Proceedings of the Fifth Conference on Computer Aided Architectural Design Research in Asia, Singapore, 18-19 May, 1-14, ISBN 981-04-2491-4.

Valkenburg, R.C., (1998), "Shared Understanding as A Condition for Team Design", Automotion in Construction 7 (2-3), 111-121.

van Aken, J. (2000), "Domain Independent Design Theory, Design Research in the Netherlands 2000", eds: Achten H., de Vries B., Hennessey J., Bouwstenen 63, Technische Universiteit Eindhoven, Faculteit Bouwkunde, the Netherlands, pp: 9-17.

van Grembergen, W., (2001), "Information Technology Evaluation Methods and Management", Hershey, PA, Idea Group.

Vera, A., Kvan, T., West, R. and Lai, S. (1998), "Expertise and collaborative design", In CHI'98 Conference Proceedings,ACM, Los Angeles, pp. 503-10.

Weise, M., Katranuschhkov, P., Liebich, T., Scherer, R.J., (2003), "Structural Analysis Extension of the IFC Modelling Framework", Electronic Journal of Information Technologies in Construction, ITcon 14, 181-200.

Wiezel, A., Becker, R., (1992), "Integration of Performance Evaluation in Computer Aided Design", Kalay, Y.E. (Derl.), Evaluating and Predicting Design Performance, Wiley Interscience, New York.

Wong, W., Kvan, T., (1999), "Textual Support of Collaborative Design", Media and Design Process, ACADIA'99, Salt Lake City, 29-31 October, 168-176, ISBN 1-880250-08-X.

Internet Kaynakları

[1] A Short History of the IAI and the IFC Information Model,
http://www.iai-international.org/About/History.html

[2] International Alliance for Interoperability,
http://www.buildingsmart.org.uk

[3] The IFC Building Model: A Look Under the Hood,
http://www.aecbytes.com/feature/2004/IFCmodel.html

[4] Facilitating Interoperability in the Building Industry,
http://www.aia.org/nwsltr_tap.cfm?pagename=tap_a_200506_ifc

[5] IFC Exchange Guide Between 3D CAD Applications,
http://iai-forum.teknologisk.dk/_root/media/22001_IFC%20Exchange%20Guide,
%20April%202006.pdf

[6] Grobler, F. (2000). Introduction: The IAI and Interoperability for AEC+FM Software,
http://www.cecer.army.mil/EARUpdate/NLFiles/2000/IAI1pv.cfm

[7] Constructware,
http://usa.autodesk.com

[8] eBuilder,
http://www.ezone.com

[9] Meridian ProjectTalk,
http://meridiansystems.com

[10] PrimeContract,
http://www.stenstromgroup.com/prima_primcon.html

[11] Citadon,
http://www.citadon.com

[12] Tonta Y., (2001), Bilgi erişim sorunu,
www.yunus.hacettepe.edu.tr

Ek: Anket Formu

ANKET: TASARIM SÜRECİNDE İŞBİRLİĞİ

Sayın Katılımcı,

Bu anket, tasarım sürecinde işbirliği yapmak için geliştirilen bir modele veri elde etmek amacıyla hazırlanmıştır.
Anketi doldurarak en kısa zamanda bana ulaştırırsanız sizlerin bu konudaki fikirlerini araştırmamda kullanmak üzere öğrenmiş olacağım.
Anketle ilgili yorumlarınızı ve önerilerinizi e.turkyilmaz@iku.edu.tr adresinden bana bildirebilirsiniz.

İlginize çok teşekkür ederim.

Emrah Türkyılmaz

1.Bölüm: Uygulama alanının tanımı

1. Hangi tip yapılar tasarlıyorsunuz?

☐ Özel Yapılar ☐ Kamu Yapıları ☐ Her tip Yapı

2. Genellikle hangi büyüklükte yapılar tasarlıyorsunuz?

☐ 500-1000 metrekare ☐ 1000-5000 metrekare

☐ 5000-10000 metrekare ☐ 10000 metrekare ve üzeri

3. Şu an için kaç adet proje üzerinde çalışmaktasınız?

☐ 1-5 arası ☐ 5-10 arası ☐ 10 adet ve üzeri

4. Çalışanlarınızın kaçı mimar veya mühendistir?

☐ 1-5 kişi ☐ 5-10 kişi ☐ 10 kişi ve üzeri

5. İnşaat, iklimlendirme, elektrik vb. projeler sizin firmanızda mı yoksa başka firmalarda mı hazırlanmaktadır?

☐ Bizim firmamızda hazırlanmaktadır.

☐ Başka firmalarda hazırlanmaktadır

6. Bu projeler sizin firmanızda hazırlanmakta ise, ilgili departmanlarınız mevcut mudur?

☐ Evet mevcuttur ☐ Hayır mevcut değildir

7. Beraber çalıştığınız ulusal/uluslararası partneriniz var mı?

☐ Evet var. ☐ Hayır yok.

2. Bölüm: Tasarım sürecinin tanımı

1. Tasarım sürecini nasıl tanımlarsınız? (Lütfen BÜYÜK harf ile yazın.)

ANKET: TASARIM SÜRECİNDE İŞBİRLİĞİ

2. Tasarım sürecinde, yaşanılan aksaklıklar sizce neden ileri gelmektedir? (Lütfen BÜYÜK harf ile yazın.)

3. a) Tasarım sürecinde, yatırımcı veya danışmanlık şirketleri ile sorunlar yaşıyor musunuz?

☐ Evet ☐ Hayır

3. b) Cevabınız EVET ise aşağıdaki sorunları önem sırasına göre sıralayınız. (1 en çok önemli - 4 en az önemli)

İletişim kopukluğu/eksikliği ☐

Veri paylaşımında yaşanan aksamalar ☐

Yazılımların birbirlerine uyumlu olmaması ☐

Tasarım kararlarında anlaşmazlıkların olması ☐

4. a) Tasarım sürecinde, yüklenici firmalar ile sorunlar yaşıyor musunuz?

☐ Evet ☐ Hayır

4. b) Cevabınız EVET ise aşağıdaki sorunları önem sırasına göre sıralayınız. (1 en çok önemli - 4 en az önemli)

İletişim kopukluğu/eksikliği ☐

Veri paylaşımında yaşanan aksaklıklar ☐

Yazılımların birbirlerine uyumlu olmaması ☐

Üretim sürecinin verimli olarak takip edilememesi ☐

5. a) Tasarım sürecinde, ilgili bakanlık ve/veya belediye ile sorunlar yaşıyor musunuz?

☐ Evet ☐ Hayır

5. b) Cevabınız EVET ise aşağıdaki sorunları önem sırasına göre sıralayınız. (1 en çok önemli - 4 en az önemli)

Veri paylaşımında yaşanan aksaklıklar ☐

Bürokratik işlemlerin uzun sürmesi ☐

İlgili yönetmeliklerin uygulamasındaki yetersizlikler ☐

Farklı yazılımların kullanılması ☐

6. a) Tasarım sürecinde, ulusal ve/veya uluslarası çalışma ortaklarınız ile sorunlar yaşıyor musunuz?

☐ Evet ☐ Hayır

6. b) Cevabınız EVET ise aşağıdaki sorunları önem sırasına göre sıralayınız. (1 en çok önemli - 4 en az önemli)

İletişim kopukluğu/eksikliği ☐

Veri paylaşımında yaşanan aksaklıklar ☐

Kullanılan yazılımların birbirlerine uyumlu olmaması ☐

Kararların alınmasında yaşanan anlaşmazlıklar ☐

3719216402504

ANKET: TASARIM SÜRECİNDE İŞBİRLİĞİ

3.Bölüm: Tasarımda işbirliğinin tanımı

1. Tasarımda işbirliğinin tanımı sizce nedir? (Lütfen BÜYÜK harf ile yazın.)

2. Ofisinizde tasarım kararları işbirliği ile mi alınmaktadır?

☐ Evet, işbirliği ile alınmaktadır

☐ Hayır, bireysel olarak alınmaktadır

İkinci soruye verdiğiniz cevap EVET ise, lütfen aşağıdaki soruları cevaplayınız.

3. a) İşbirliği kararlarını kim veya kimlerin aldığını aşağıdaki kutulara BÜYÜK HARFLER ile yazınız.

1-

2-

3. b) İşbirliğini gerçekleştirmek için kullandığınız yöntemleri işaretleyiniz.

☐ Sayısal ortamda veri paylaşımı ☐ Telefon

☐ İnternet üzerinden yazışma ☐ e-posta

☐ Yüzyüze görüşme

3. c) Eğer varsa kullandığınız diğer yöntem(ler)i yazın.

1-

2-

4. Tasarımda işbirliği yapmak için özel bir yazılım kullanıyor musunuz?

☐ Evet, kullanıyorum. ☐ Hayır, kullanmıyorum.

Dördüncü soruya verdiğiniz cevap EVET ise, lütfen aşağıdaki soruları cevaplayınız.

5. a) Tasarımda işbirliği yapmak için aşağıdaki yazılımlardan hangilerinden yararlanıyorsunuz?

☐ Graphisoft Teamviewer ☐ Autodesk Buzzsaw/NavisWorks

5. b) Eğer varsa kullandığınız diğer yazılım(lar)ı yazınız.

1-

2-

Dördüncü soruya verdiğiniz cevap HAYIR ise, lütfen aşağıdaki soruları cevaplayınız.

6. a) İşbirliği yapmak için kullandığınız yöntemleri işaretleyiniz.

☐ Yüzyüze görüşme veya toplantı

☐ E-posta ile bilgi paylaşımı

☐ İnternet üzerinden yazılı görüşme (MSN, Google, vb.)

☐ Telefon ile görüşme

6. b) Eğer varsa kullandığınız diğer yöntem(ler)i yazınız.

1-

2-

ANKET: TASARIM SÜRECİNDE İŞBİRLİĞİ

7. a) Lütfen, veri paylaşımı için kullandığınız yöntemleri işaretleyiniz.

☐ Basılı paftalar ☐ Internet üzerinden dosya paylaşımı

☐ E-posta ☐ CD/DVD/USB Bellek vs.

7. b) Eğer varsa kullandığınız diğer yöntem(ler)i yazınız.

1-

2-

4. Bölüm: İşbirliği Sorunları ve Beklentileri

1. Bir işbirliği sürecinde karşılaşılan bazı sorunlar aşağıda sıralanmıştır. Bu sorunları önem sırasına göre sıralayınız. (1 en çok önemli - 4 en az önemli)

Veri paylaşımı sorunları ☐ İletişim sorunları ☐ Kullanılan yazılımların yetersiz bilgiler ile kullanılması ☐ Kullanılan yazılımların uyumsuzluğu ☐

2. a) Tasarımda işbirliği için kullanılan yazılımların avantajlarını önem sırasına göre sıralayınız. (1 en çok önemli - 4 en az önemli)

Tasarım sürecinin ilerleyişini hızlandırması ☐

Kontrollü veri paylaşımı ☐

Hata yapma oranını azaltması ☐

Karar almayı kolaylaştırması ☐

2. b) Tasarımda işbirliği için kullanılan yazılımların dezavantajlarını önem sırasına göre sıralayınız. (1 en çok önemli - 4 en az önemli)

Öğreniminin zor olması ☐

Kullanımının karışık olması ☐

İlk kurulum maliyetinin yüksek olması ☐

Farklı yazılımların kullanılmasından doğan uyumsuzluklar ☐

3. a) Geleneksel işbirliği sürecinin avantajlarını önem sırasına göre sıralayınız. (1 en çok önemli - 4 en az önemli)

İnsan ilişkilerinin avantajlarını kullanabilmek ☐

Yüzyüze görüşme ile kararların daha hızlı alınabilmesi ☐

Herhangi özel bir eğitim almadan uyum sağlanabilmesi ☐

İlk kurulum maliyetinin olmaması ☐

3. b) Geleneksel işbirliği sürecinin dezavantajlarını önem sırasına göre sıralayınız. (1 en çok önemli - 4 en az önemli)

Hata yapma oranının yüksek olması ☐

Tasarım sürecinin ilerleyişini yavaşlatması ☐

Güvensiz veri paylaşımı ☐

Daha fazla çalışma gerektirmesi ☐

Yorum ve Öneriler

Anketi doldurmak için zaman ayırdığınız için teşekkür ederim. Yorumlarınızı ve önerilerinizi aşağıdaki alan içine yazabilirsiniz.

9 719216 402508

9 719216 402508

MIX
Papier aus verantwortungsvollen Quellen
Paper from responsible sources
FSC® C105338

Printed by Books on Demand GmbH, Norderstedt / Germany